고구마 탐정 과학 ❹
액체 괴물이 사는 집

서지원 글

한양대학교를 졸업하고 〈문학과 비평〉에 소설로 등단해, 지식과 교양을 유쾌한 입담과 기발한 상상력으로 전하는 이야기꾼입니다. 서울시 올해의 책, 원주시 올해의 책, 문화체육관광부와 한국도서관협회가 뽑은 2012 우수문학도서 등에 선정된 책 외에도 여러 작품을 집필했습니다. 《한눈에 쏙 세계사 2: 고대 통일 제국의 등장》《만렙과 슈렉과 스마트폰》《안녕 자두야 역사 실력이 빵 터지는 한국사 퀴즈》 등을 썼고, 〈몹시도 수상쩍은 과학 교실〉〈빨간 내복의 초능력자〉〈고구마 탐정〉 등 다양한 시리즈를 출간했어요.

이승연 그림

대학에서 가구 디자인을 공부했어요. 지금은 어린이들이 좋아서 어린이책에 그림을 그리는 일을 하고 있답니다. 그린 책으로 《사춘기 대 갱년기》《아이들이 사라지는 학교》《로봇 반장》《비상! 바이러스의 습격》《거인의 나라로 간 좌충우돌 탐정단》〈고구마 탐정〉 시리즈 등이 있어요.

고구마 탐정 과학 ④

액체 괴물이 사는 집

글 서지원 | 그림 이승연

스푼북

작가의 말

"왜?"라고 묻는 순간, 추리는 시작된다!

사건이 터졌다고요? 그렇다면 이제 고구마 탐정이 나설 차례입니다! 울퉁불퉁 못생겼고 참기 힘들 만큼 달짝지근한 냄새가 나는 탐정이지만, 실력만큼은 최고예요. 어설픈 추리는 질색이고, 근거 없는 추측도 싫어요. 언제나 "왜?"라는 질문으로 사건을 파헤치죠.

사실 탐정만 그런 건 아니에요. 모든 현상에는 반드시 원인이 있거든요. 과학자도 탐정과 똑같이 질문으로 시작한답니다.

'유리컵 속 빨대는 왜 휘어 보일까?'

'드라이아이스에서 나오는 연기의 정체는 뭐지?'

'나침반은 왜 언제나 북극을 가리킬까?'

탐정은 호기심으로 시작해 치밀한 논리로 추리하고, 과학자는 호기심으로 시작해 자세히 관찰하고 실험하죠. 둘 다 끝까지 포기하지 않는 집요함이 필요해요! 제가 가장 좋아하는 말이 있어요.

"탐정의 첫걸음은 '질문', 다음은 '관찰'이야."

단서는 늘 눈앞에 있어요. 다만, 보지 못한 것뿐이죠. 탐정은 사건 현장을 유심히 살피고, 작은 흔적 하나도 놓치지 않으려고 눈을 부릅떠요. 어디선가 이상한 냄새가 난다고요? 그것이 중요한 단서일지도 몰라요!

과학자도 마찬가지예요. 눈으로 보고, 손으로 만지고, 때로는 실험하고 측정하면서 증거를 모아요. 틀리면 다시 시도하고, 실패해도 그 안에서 단서를 찾아내죠. 포기하지 않고 끝까지 해내는 거예요!

탐정은 '사실'보다 '이유'를, 과학자는 '결과'보다 '원인'을 찾아내는 사람들이에요. 대충 넘기지 않는 태도, 그게 바로 진짜 탐정이자 진짜 과학자의 기본이지요.

여러분도 궁금한 건 끝까지 물고 늘어지세요! 틀려도 괜찮아요. 답보다 '과정'을 소중히 여기는 마음, 그게 진짜 멋진 탐정의 태도니까요.

우리 일상생활에서 일어나는 신기한 현상들은 마법처럼 보일 때가 많지만, 그 속엔 언제나 과학 원리와 논리가 숨어 있어요. 여러분도 이 책을 덮고 나면 이렇게 외칠 거예요.

"과학자? 명탐정? 둘 다 나잖아!"

세상의 수수께끼에 도전할 준비되셨나요? 그럼, 출동합니다!

여러분의 친구이자 명탐정 X
서지원

인물 소개

고구마 탐정

경찰도 해결하지 못하는 어려운 사건을 기막힌 추리력으로 척척 풀어내는 명탐정. 생각을 오래 하면 머리에서 열이 나고 노릇노릇 고구마 굽는 냄새가 진동을 한다. 어디선가 꿀꺽 침이 넘어갈 정도로 맛있는 냄새가 난다면 고구마 탐정이 사건을 해결하고 있는 것!

알파독

강아지의 모습을 한 인공 지능 로봇. 초정밀 스캐너가 달린 눈, 냄새 탐지기가 달린 코, 초음파까지 들을 수 있는 소리 탐지기가 달린 귀로 고구마 탐정을 돕는다.

나뚱뚱 경감

날마다 다이어트를 외치지만 먹는 걸 너무 좋아해서 다이어트는 언제나 내일부터! 사건이 해결되지 않을 때면 고구마 탐정을 찾아가 도움을 청한다.

오동통 형사

나뚱뚱 경감의 사촌 동생으로 별명은 미니버거. 비듬 마을에 살고 있는데 사건을 해결하러 가서 해결은커녕, 사고만 치고 오는 사고뭉치다.

차 례

미스터리 사건 파일 #1
사라진 율리시스의 동전
08

미스터리 사건 파일 #2
액체 괴물이 사는 집
54

미스터리 사건 파일 #3
의문의 총알
104

"음, 역시 산책을 하면 머리가 맑아지는 것 같아."

고구마 탐정이 오랜만에 알파독과 함께 산책하고 있었어요.

고구마 탐정은 숨을 깊이 들이마시며 어깨를 활짝 폈어요. 지저귀는 새들의 노랫소리를 들으며 한가로운 오후를 보냈지요. 그런데 어디선가 숨이 차 헉헉대는 거친 숨소리가 들렸어요.

멀리서도 한눈에 딱 들어오는 커다란 덩치! 바로 나뚱뚱 경감이 달려오는 거였지요.

헉헉, 여기 있었군.
고, 헉, 고구, 헉헉, 고구마, 헉헉헉!

세상에, '율무율무 스낵'에서
하는 이벤트에 당첨되셨군요?
정말 당첨되기 어려운
이벤트라고 하던데!

"헉, 그걸 어떻게 알았나?"

나뚱뚱 경감이 화들짝 놀란 표정을 지었어요.

고구마 탐정은 태연하게 추리한 내용을 말했지요.

"그야 경감님 입가에 율무율무 스낵의 부스러기가 묻어 있고, 경감님의 손톱에는 스낵 당첨권을 긁을 때 묻은 가루가 끼어 있으니까요. 경감님이 흥분해서 허둥지둥 제게 달려온 걸 보면 '한 봉지 더'가 아니라 '백 봉지 더' 정도는 당첨되신 것 같은데요?"

"맞네! '백 봉지 더'에 당첨됐어!"

율무율무 스낵은 고구마 탐정도 아주 좋아하는 과자였어요. 정말 맛있거든요. 한번 먹었다 하면 앉은 자리에서 한 봉지를 다 먹어야 일어날 수 있을 정도랍니다.

게다가 율무율무 스낵은 다른 회사에서 감히 흉내 내지 못하는 중독적인 맛으로도 유명해요. 맛의 비법인 가루 소스를 만드는 방법은 오직 회장인 율무차만이 알고 있다고 전해지지요.

"그토록 좋아하는 율무율무 스낵을 백 봉지나 더 받게 되셨다니, 정말 축하드려요."

고구마 탐정의 말에 나뚱뚱 경감의 표정이 갑자기 어두워졌어요.

"물론 과자를 받게 된 것은 좋지만, 그보다 더 중요한 문제가 있네."

"네? 무슨 문제인데요?"

"율무율무 스낵의 회장인 율무차에게서 전화가 왔네. 자기를 비밀리에 도와 달라는 부탁을 하더군."

나뚱뚱 경감은 당장 율무차 회장에게 가야 한다며 고구마 탐정을 닦달했어요. 고구마 탐정과 알파독은 산책하다 말고 얼떨결에 율무차 회장을 찾아가게 되었답니다.

자동차를 타고 구불구불한 산길을 얼마나 달렸을까요? 높은 산꼭대기 위에 으리으리한 성이 보였어요.

율무차 회장은 아주 유별난 사람이라더니, 사는 곳도 특이하군요.

그래, 그 사람은 지은 지 400년도 더 된 성에 산다더군.

고구마 탐정이 자동차 창문을 열고 고개를 내밀자, 성탑에 앉아 있던 까마귀들이 일제히 하늘을 향해 날아올랐어요.

"저 성은 율무차 회장의 할아버지의, 할아버지의, 할아버지의, 할아버지가 살던 곳이라는군. 율무차 회장은 전통을 아주 중요하게 여기기 때문에 가문 대대로 살았던 성을 한 군데도 고치지 않고 살고 있다더라고."

이윽고 고구마 탐정과 알파독, 나뚱뚱 경감은 거대한 성문 앞에 도착했어요.

문 앞에 있는 줄을 잡아당기며 흔들자 낮고 묵직한 종소리가 울려 퍼졌어요.

"누구십니까."

두꺼운 성문이 열리더니 빼빼 마른 여자가 고개를 내밀었어요.

"저는 율무차 회장님의 부름을 받고 온 나뚱뚱 경감입니다. 이쪽은 고구마 탐정, 그리고 이쪽은 알파독이라고 하고요."

"기다리고 있었습니다. 어서 들어오세요."

여자는 율무차 성의 살림을 도맡고 있는 집사 오미자라고 자기를 소개했어요.

"이 큰 성을 혼자 돌보시나요?"

고구마 탐정이 두리번거리며 물었어요. 아무래도 집사 혼자 힘으로 관리하기엔 힘들어 보였던 거예요.

"처음엔 좀 힘들었지만 이젠 적응이 되어서 괜찮습니다. 저희 회장님께서는 사람이 북적거리는 걸 몹시 싫어하시거든요."

오미자 집사는 고구마 탐정 일행을 2층

의 어느 방 앞으로 안내했어요.

닫히지 않은 방문 사이로 침대에 누워 있는 노인의 모습이 살짝 보였지요.

"회장님, 손님들이 오셨습니다."

오미자 집사의 말에 노인이 침대에서 힘겹게 몸을 일으켰어요.

"들어오게나."

얼굴에 주름이 자글자글한 노인은 율무율무 스낵을 만든 장본인이자, 오래된 성을 대대로 지켜 온 율무차 회장이었어요.

"미안합니다. 내가 건강이 좋지 않아서 마중도 나가지 못했습니다."

"아닙니다. 그나저나 제게 은밀하게 부탁하실 일이라는 게 무엇인지 대기해 주십시오. 대체 어떤 일이기에 저에게 율무율무 스낵을 평생 공짜로 먹을 수 있는 스페셜 당첨권까지 주겠다고 하신 건가요?"

나뚱뚱 경감이 물었어요.

"엇, 그런 당첨권을 준다는 얘기는 안 했잖아요!"

"절대 나 혼자 먹으려고 그랬던 건 아니네."

"혹시 '율리시스의 동전'이라는 걸 들어 보셨습니까?"

율무차 회장이 조심스럽게 고구마 탐정과 나뚱뚱 경감에게 질문을 던졌어요.

고구마 탐정의 눈동자에서 반짝 빛이 났어요.

"언젠가 '율무율무 스낵의 맛의 비밀'이라는 다큐멘터리를 본 적이 있습니다. 그 스낵의 맛을 내는 비법이 바로 율리시스의 동전이라면서요?"

"맞습니다. 여러 가지 양념을 잘 배합해서 통에 담은 다음, 율리시스의 동전을 넣어 두면 기적 같은 맛이 납니다. 그러니 우리 율무율무 스낵의 맛을 다른 과자 회사들이 절대 따라 할 수 없는 것이죠."

"신기하군요. 동전을 집어넣었을 뿐인데 어떻게 그런 맛이 날까요?"

"그러니 우리 가문 대대로 내려오는 보물이지 않겠습니까. 쿨럭쿨럭."

율무차 회장은 한쪽 벽에 걸린 초상화들을 가리켰어요. 바로 율무차 회장 가문 조상들의 얼굴이었지요.

"우리 가문의 조상들은 대대로 왕실 요리사로 일했답니다."

율무차 가문의 사람들은 요리 솜씨가 대단해서 모두 왕의 총애를 받았다고 해요. 그런데 그 비결이 바로 '율리시스의 동전' 덕분이었다지 뭐예요.

"어떤 음식에든 그 동전을 넣어 두기만 하면 맛이 환상적으로 바뀌지요."

율무차 회장은 그렇게 귀한 동전이 감쪽같이 사라지고 말았다며 한탄했어요.

"언제, 어떻게 사라진 것입니까?"

고구마 탐정이 묻자 율무차 회장은 바닥이 꺼질 정도로 긴 한숨을 내쉬었어요.

"실은 제게 두 명의 자식이 있습니다. 아들 율피리와 딸 율나팔입니다. 그 녀석들은 손대는 사업마다 크게 망한 것도 모자라 제게 돈을 뜯어내려고 찾아오는 못된 불효자들입니다."

율무차가 두 주먹을 부르르 떨고 있을 때 누군가 문을 열고 들어왔어요.

"아버지, 또 우리 흉을 보고 계셨죠?"

"아버지 말을 곧이곧대로 믿으시면 안 돼요. 우리 아버지는 엄청나게 인색하신 분이에요. 이 큰 성을 관리하는 데 쓰는 돈이 아까워서 집사를 오미자 씨 한 명만 고용한 걸 보면 알 수 있잖아요."

율피리와 율나팔이었어요. 두 사람은 아버지에게 매우 큰 불만을 가진 듯 보였지요.

"썩 나가! 너희만 아니었어도 그 귀한 보물인 율리시스

의 동전을 잃어버리는 일은 없었을 거다!"

"아버지, 또 우리 탓을 하시는군요."

"아버지는 자기밖에 모르세요!"

율피리와 율나팔이 실망과 슬픔 섞인 목소리로 소리쳤어요. 율무차 회장은 그런 둘을 향해 꼴도 보기 싫다며 당장 나가라고 소리쳤지요. 결국 두 사람은 침실 밖으로 쫓겨나고 말았어요.

'흠, 엄청난 부자인데 전혀 행복해 보이지 않는군.'

고구마 탐정은 마음속으로 중얼거리고 나서, 다시 율무차 회장에게 율리시스의 동전이 사라진 경위를 얘기해 달라고 부탁했어요.

그때 오미자 집사가 따뜻한 오미자차를 가지고 방으로 들어왔어요.

"차라도 좀 드시면서 얘기를 나누셔요."

"고맙습니다."

고구마 탐정은 찻잔을 내미는 오미자의 손에 눈길이 갔어요. 힘든 집안일 때문인지 가늘고 작은 손은 엉망이 되어 있었지요.

"오 집사님, 일이 몹시 힘든 모양이군요. 아무래도 도와주는 사람이 있어야겠어요."

"그렇긴 합니다. 집이 워낙 넓은 데다가 너무 오래되어서 손볼 곳도 많고……."

오미자 집사가 고구마 탐정의 말에 맞장구를 치자, 매서운 눈빛으로 집사를 노려보던 율무차 회장이 말을 툭 잘라 버렸어요.

"걱정하지 마십시오. 오 집사는 아주 유능합니다. 이 정도 일은 혼자서도 거뜬히 해낼 수 있을 정도로요. 그렇지, 오 집사?"

"네, 회장님……."

오미자 집사는 기가 죽은 얼굴로 고개를 숙이며 나갔어요.

다시 율무차 회장의 이야기가 이어졌어요.

"나는 혹시 아들과 딸이 율리시스의 동전을 훔쳐 가면 어떡하나 걱정이 되었습니다. 그러다 기발한 아이디어를 하나 생각해 냈지요. 바로 내가 언제든 동전을 확인할 수 있도록 페트병 속에 동전을 숨겨 두는 방법이었습니다."

율무차 회장은 투명한 페트병에 동전을 넣어 둔 후부

터 안심이 되었다고 해요. 페트병을 흔들면 그 속에 든 동전이 통통 울리는 소리를 냈으니까요.

"나는 자다가도 몇 번씩 베개 밑에 숨겨 둔 페트병을 흔들어 동전이 잘 있는지 확인했습니다."

"음, 그것 참 기발한 생각이로군요!"

나뚱뚱 경감은 아이디어가 정말 좋은 것 같다며 맞장구를 쳤어요.

"그 방법은 회장님이 생각해 낸 것인가요?"

고구마 탐정이 찻잔을 내려놓으며 물었어요.

"아닙니다. 오 집사가 알려 준 것입니다."

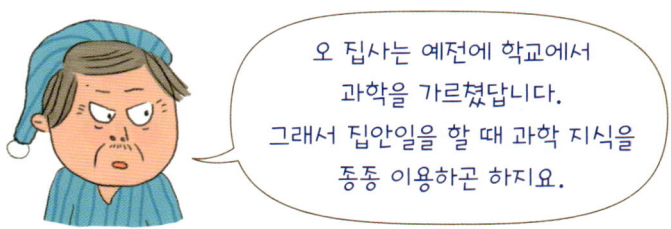

오 집사는 예전에 학교에서 과학을 가르쳤답니다. 그래서 집안일을 할 때 과학 지식을 종종 이용하곤 하지요.

"페트병을 누가 훔쳐 갈 수도 있지 않을까요?"

나뚱뚱 경감이 단숨에 오미자차를 들이켜곤 물었어요.

"물론입니다! 아들과 딸이 방으로 살금살금 들어와서 동전을 훔쳐 갈 수도 있지요. 그래서 이 방에 아주 튼튼한 잠금장치까지 해 두었어요."

율무차 회장이 대답했어요.

"이 방에 들어올 수 있는 사람은 아무도 없었나요?"

고구마 탐정의 물음에 율무차 회장은 집사인 오미자만 들어올 수 있었다고 말했어요.

"보시다시피 내가 몸을 움직이기 힘드니 오 집사가 식사도 가져다주고, 창문을 열어 환기도 시켜 주거든요."

"음, 그렇다면 동전을 훔친 건 집사인 오미자 씨가 아닐까요?"

나뚱뚱 경감이 의심스러운 눈초리로 물었어요.

"처음엔 나도 그런 의심을 했습니다."

율무차 회장은 베개 밑에 있는 리모컨을 꺼내 꾹 눌렀어요. 그러자 벽에 걸린 텔레비전에 주방에서 요리하고 있는 오미자 집사의 모습이 나타났지요.

"CCTV로군요?"

"맞습니다. 실은 아들과 딸이 율리시스의 동전이나 돈을 훔쳐 갈까 봐 몰래 설치해 두었습니다. 덕분에 오 집사의 알리바이를 증명할 수 있었지요."

율무차 회장은 동전이 없어졌을 때 오 집사는 지금처럼 주방에서 요리를 하고 있었다고 했어요.

"그렇다면 범인은 율피리와 율나팔 둘 중 한 명이겠군요. 둘 다 사업을 하다 망해서 큰 빚을 졌다면서요? 지금 당장 체포할까요?"

나뚱뚱 경감이 또 한 번 의심스러운 눈초리로 율무차 회장에게 물었어요. 그러자 고구마 탐정이 손을 흔들었어요.

"아직 결론을 내서는 안 됩니다. 조금만 더 추리해 보지요."

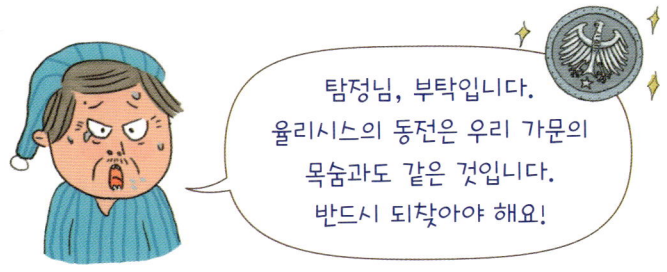

탐정님, 부탁입니다.
율리시스의 동전은 우리 가문의
목숨과도 같은 것입니다.
반드시 되찾아야 해요!

율무차 회장의 간절한 애원에 고구마 탐정은 어떻게 해야 할지 모르겠다는 표정으로 머리를 긁적였어요. 사건을 해결할 단서가 지나치게 부족했던 거예요.

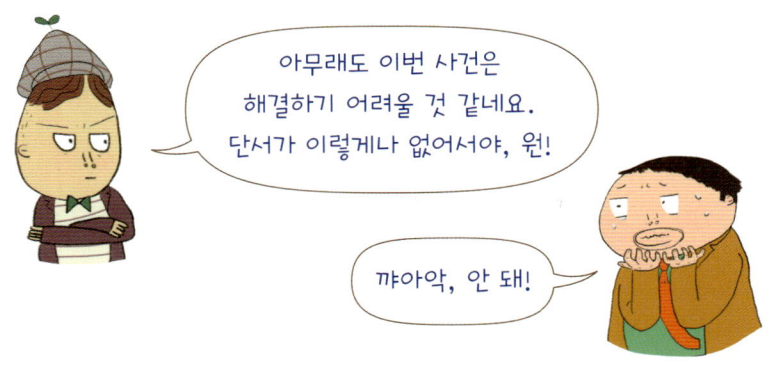

나뚱뚱 경감은 벌떡 일어나 고구마 탐정의 어깨를 잡으며 애원했어요.

"고구마 탐정, 자네의 번뜩이는 두뇌로 이번 사건을 꼭 해결해 주게! 내게도 이번 일이 목숨만큼 중요해!"

"켁! 알았어요, 알았어!"

고구마 탐정은 우선 율무차 회장의 아들 율피리와 딸 율나팔을 만나 보기로 했어요.

아들 율피리의 방은 율무차 회장의 침실 위층에 있었

고, 딸 율나팔의 방은 2층 복도 끝에 있었지요.

똑똑똑―.

고구마 탐정이 문을 두드리자 율피리가 험악한 표정으로 문을 열었어요.

"뭐야, 설마 내가 범인이라고 생각하는 겁니까? 그런 게 아니라면 감자인지 고구마인지 왜 내 방을 찾아온 거지요?"

"몇 가지 물어보기 위해서입니다."

고구마 탐정은 율리시스의 동전이 사라지던 순간 어디서 무얼 했는지 확인하려 한다고 말했어요.

"난 그때 내 방에서 꼼짝도 하지 않았어요. 아버지가 우리 몰래 CCTV까지 달아 두었다니 그걸 보면 잘 알겠네요."

"CCTV는 1층 거실과 주방, 그리고 2층 율무차 회장의 방 앞 복도에만 달려 있다고 하던데요. 율무차 회장은 여러 군데 CCTV를 달려고도 했지만, 돈이 너무 아까워서 그럴 수 없었다는군요."

"흥, 그럴 줄 알았다니까요! 제 방을 좀 보세요. 지은 지 100년도 넘은 집이라서 움직일 때마다 삐걱삐걱하는 소리가 나요. 바닥이 꺼질까 봐 무서워서 마음대로 걸을 수도 없을 정도라고요."

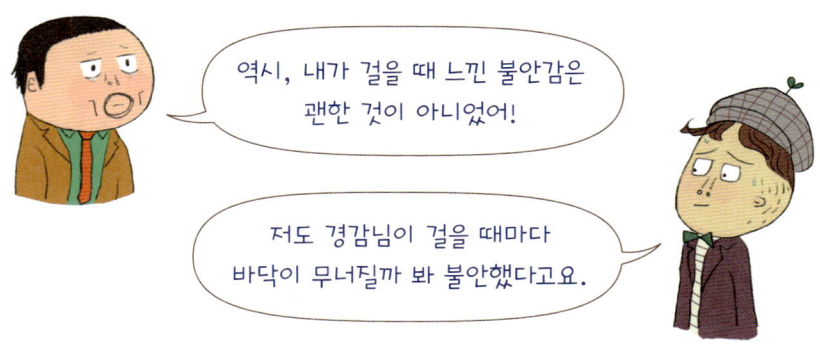

역시, 내가 걸을 때 느낀 불안감은 괜한 것이 아니었어!

저도 경감님이 걸을 때마다 바닥이 무너질까 봐 불안했다고요.

고구마 탐정은 알겠다며 율나팔의 방으로 향했어요.

"아버지는 나를 범인으로 의심하는데 천만의 말씀! 난 동전이 사라지던 순간 내 방에서 남자 친구랑 전화 통화 중이었어요."

율나팔은 남자 친구가 자신의 알리바이를 증명해 줄 거라고 말했어요.

"통화를 하면서 율무차 회장님의 방으로 살금살금 들

어갈 수도 있잖아요?"

나뚱뚱 경감이 물었어요.

"그건 불가능해요. 바닥이 얼마나 삐걱거리는지 하도 시끄러워서 휴대 전화 너머의 말소리가 들리지 않을 정도라고요."

"흠."

고구마 탐정은 아들인 율피리와 딸인 율나팔이 수상하긴 했지만, 이렇다 할 증거를 찾을 수 없었어요.

땡땡땡—. 땡땡땡땡—.

고구마 탐정이 고심하고 있을 때, 요란한 종소리가 울려 퍼졌어요.

"이건 무슨 소리지요?"

"아버지가 오 집사를 부르는 소리예요. 침대 옆에 달린 끈을 잡아당기면 종이 딸랑딸랑 울리죠."

종소리 뒤에 곧바로 "오 집사!" 하고 외치는 소리가 이어졌어요.

"우리 아버진 성질이 몹시 급해서 조금만 늦어도 저렇게 불같이 소리를 지르고 화를 내신다니까요."

율나팔이 혀를 끌끌 찼어요.

"오 집사, 오 집사! 대체 어디 있는 건가, 오 집사!"

종소리는 계속해서 요란스럽게 집 안 전체에 울려 퍼졌어요. 그 소리를 듣자마자 달려간 오 집사가 율무차 회장에게 물을 가져다주고 나서야 비로소 멈추었지요.

고구마 탐정과 나뚱뚱 경감이 2층에서 거실로 내려가는 길이었어요.

아니, 기껏 물을 가져다줬더니 물맛이 없다고 투정하다니!

아무리 회장이라지만 좀 너무하네요.

그때 방문 너머로 율무차 회장의 투덜거리는 목소리가 들려왔어요.

"아아, 율리시스의 동전만 있었어도 꿀물처럼 달콤하고 맛있는 물을 마실 수 있었을 텐데!"

그 말을 들은 고구마 탐정이 대체 무슨 소리냐고 물었어요. 아들 율피리가 계단 위에서 소리쳤지요.

"아버지는 페트병 속에다 율리시스의 동전을 넣어 둔 것도 모자라 그 속에 물을 채워 놓고 마셨어요. 그러면 물맛이 기가 막히게 변한다면서요."

"평소에 페트병 속에 물을 채워 두었다고요?"

고구마 탐정의 목소리가 커졌어요.

"네, 정말 유별난 양반이라니까."

율피리는 그렇게 말하곤 쾅, 소리가 나게 방문을 닫고 들어가 버렸어요.

그 말을 들은 고구마 탐정의 머릿속에 무언가 번뜩 스쳐 갔어요.

고구마 탐정은 곧장 추리를 시작했지요. 곧 고소하고 달콤한 군고구마 익는 냄새가 집 안을 가득 채웠어요.

"킁킁! 이게 무슨 냄새죠? 이런 맛있는 냄새는 난생처음이에요!"

달콤한 냄새를 맡은 오 집사가 주방에서 거실로 뛰어나왔어요. 오 집사는 자기도 모르게 킁킁거리며 고구마 탐정의 몸에 살짝 손을 갖다 댔지요.

고구마 탐정이 오 집사를 향해 말했어요.

"마침 잘 오셨어요, 집사님. 지금 회장님의 방으로 가서 동전이 사라지고 난 뒤와 똑같은 행동을 해 주시겠습니까?"

"동전이 사라지고 난 뒤요? 그때 난…… 회장님께서 물을 가져오라고 하셔서 평소처럼 주전자를 들고 갔을 뿐이에요."

"좋아요, 주전자를 들고 율무차 회장님의 방으로 가 봅시다."

고구마 탐정의 말에 오 집사는 머리를 갸웃거렸어요.

"정말 별거 없어요. 그냥 주전자에 물을 담아 온 게 다였어요."

고구마 탐정과 오 집사는 함께 율무차 회장의 방으로 다시 올라갔어요.

"회장님, 회장님은 오 집사가 건넨 주전자로 무얼 하셨습니까?"

주전자로 무얼 하겠소? 이 페트병에다 물을 가득 채우고 꿀꺽꿀꺽 마셨지요.

"물 마시는 모습을 다시 보여 주세요!"

고구마 탐정의 말에 율무차 회장이 페트병에 물을 채워 넣었어요.

오 집사는 바로 그때 율피리와 율나팔이 들어와 율무차 회장에게 제발 돈을 달라고 부탁했다고 말했어요.

"두 분이 방으로 들어오자마자 저는 주방으로 갔죠. 점심 식사를 준비할 때가 다 됐거든요."

오 집사의 말에 율무차 회장이 고개를 끄덕였어요.

"난 다른 건 다 참아도 배고픈 것만은 절대 참을 수가 없거든. 식사가 조금이라도 늦어지면 정말 신경질이 난단 말이지."

"동전이 정확하게 언제 없어졌지요?"

고구마 탐정이 물었어요.

"그러니까 점심을 먹은 뒤 물을 마시려고 했는데, 그

때 페트병 속의 동전이 사라지고 없었소."

"회장님. 페트병 속의 동전이 없어졌다는 걸 얘기해 준 사람은 오 집사였죠?"

고구마 탐정이 반짝이는 눈빛으로 물었어요.

그, 그걸 어떻게 알았지?

"아, 맞소. 내가 물을 먹으려고 베개 밑에 숨겨 둔 페트병을 꺼냈을 때 오 집사가 동전이 사라진 것 같다며 소리를 질렀소. 그래서 율리시스의 동전이 사라졌다는 걸 알 수 있었소."

고구마 탐정이 눈을 지그시 감았다가 떴어요.

"이제 모든 사실이 명확해졌군요. 범인은 바로 당신이죠? 오미자 집사님!"

"제, 제가 범인이라고요?"

오미자 집사는 어이없는 표정으로 코웃음을 쳤어요.

"제가 주방에서 음식을 만들고 있었다는 건 CCTV로 증명되지 않았나요?"

"물론 그렇죠. 하지만 당신은 동전을 그때 훔친 게 아니에요. 율무차 회장님에게 동전이 사라졌다고 말하고선 그 뒤에 동전을 훔쳤죠."

"뭐, 뭐라고요?"

나뚱뚱 경감이 그게 어떻게 가능한 일이냐며 소리쳤어요. 고구마 탐정은 모두에게 직접 보여 주겠다며 동전 하나를 페트병 속에 집어넣었지요.

"보세요. 이렇게 페트병에 물이 없을 때는 동전이 어디에 있든 아주 잘 보이겠죠. 또 물이 들어 있어도 동전이 병의 정면에 있을 때는 잘 보일 겁니다. 하지만 병을 돌려서 동전을 병의 가장자리로 가도록 하면 보이지 않아요."

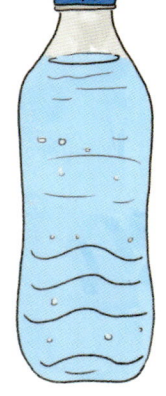

고구마 탐정의 말대로 다시 한 번 바라본 페트병 속엔 동전이 사라져 보이지 않았어요.

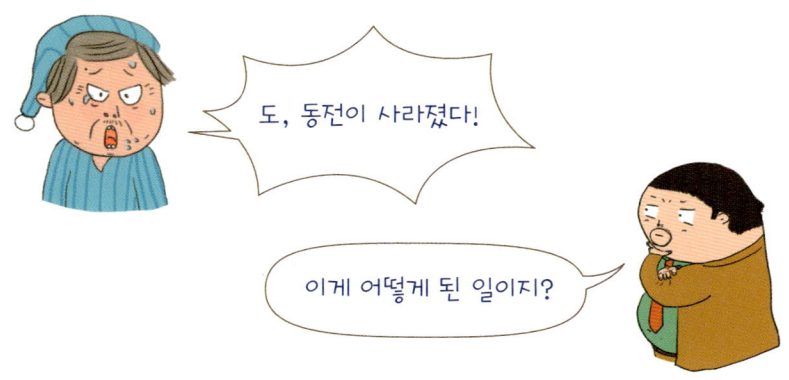

"놀라지 마세요. 동전은 페트병 속에 계속 있으니까."

고구마 탐정이 물을 비우고 페트병을 내밀었어요. 그러자 동전의 모습이 다시 보였지요.

직진하던 빛이 사물에 부딪히면 굴절되고 반사되어 우리 눈에 들어오는 거예요. 그렇게 해서 우리는 사물을 볼 수 있지요.

하지만 페트병 속 동전이 병의 가장자리에 있으면 동전에 부딪힌 빛이 굴절되어 병의 바깥으로 가게 되고, 그래서 동전을 볼 수 없는 거랍니다.

"세상에!"

"이렇게 페트병을 살짝 돌려서 회장님의 눈을 속인 거였어요. 맞죠, 예전 과학 선생님?"

"나, 난 몰라요!"

고구마 탐정은 오미자 집사가 '빛의 굴절'을 이용해 동전이 사라진 척했기 때문에 율무차 회장이 속을 수밖에 없었던 거라고 말했어요.

"아니에요! 전 동전을 훔치지 않았다고요!"

오미자 집사는 절규하듯 소리치며 억울해했어요.

"왈왈, 왈왈왈!"

그때 알파독이 침실 뒤에서 구경하던 율나팔을 향해 짖었어요. 알파독이 가진 금속 탐지 기능으로 율나팔에게 동전이 있다는 걸 찾아낸 것이지요.

율나팔은 불안한 듯 다리를 달달달 떨고 있었어요.

고구마 탐정은 율나팔에게 다가가 주머니 속을 좀 보여 달라고 했지요.

"주, 주머니는 갑자기 왜요?"

"어서 보여 주시죠."

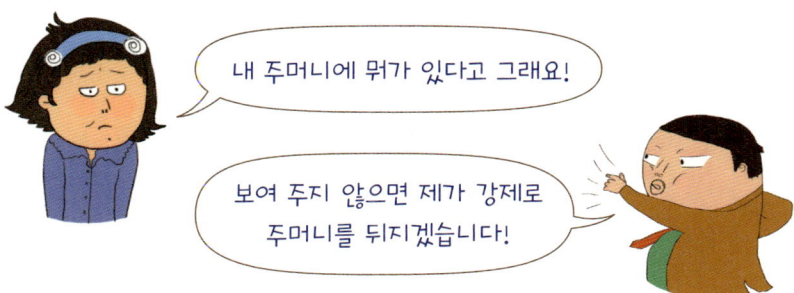

나뚱뚱 경감이 나서자 율나팔은 하는 수 없이 주머니를 뒤집어 보였어요.

땡그랑—.

사라진 가문의 보물인 율리시스의 동전이 떨어졌어요.

"내가 훔친 게 아니에요, 난 정말 억울해요!"

율나팔은 자기도 모르게 동전이 주머니에 들어 있었다고 소리쳤어요.

"감히 네가 우리 가문의 보물을 훔치다니! 넌 이제부터 내 딸이 아니다!"

율무차 회장은 율나팔에게 당장 집을 나가라고 소리쳤지요.

그때 고구마 탐정이 율리시스의 동전을 낚아챘어요. 동전에는 이상하게도 찐득찐득한 액체가 묻어 있었어요.

고구마 탐정은 주머니에서 손수건을 꺼내 동전에 묻은 찐득찐득한 액체를 닦아 내며 말했지요.

"이제 그만 잘못을 인정하시죠, 오미자 집사님."

"네?"

오미자가 눈을 동그랗게 떴어요.

"이 동전에 묻은 액체는 제가 추리할 때 흘린 땀이에요. 저는 군고구마 진액 같은 아주 끈적끈적한 땀을 흘리거든요. 조금 전에 제가 추리하는 순간, 저를 만졌던 건 오 집사님밖에 없어요. 오 집사님이 몰래 율나팔 씨의 주머니에 동전을 넣은 것 아닙니까?"

고구마 탐정의 날카로운 추리에, 오미자 집사는 자리에 털썩 주저앉으며 고개를 푹 숙였지요.

"죄송해요. 저한테 힘든 일만 시키는 회장님이 얄미워서 그랬어요."

"뭐! 고작 그런 이유로 우리 가문의 보물을 훔치려 했다고?"

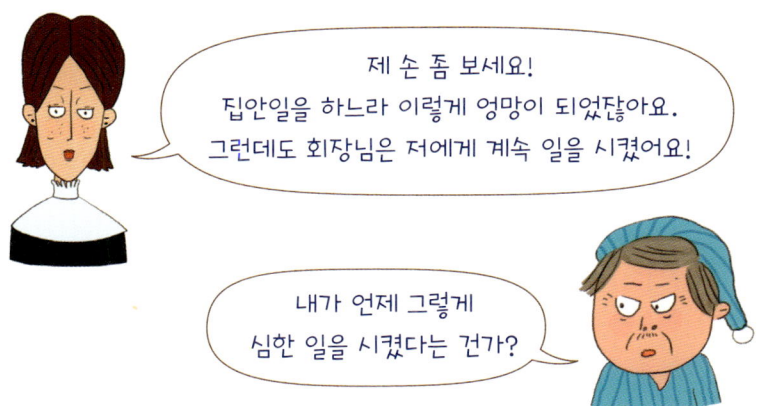

고구마 탐정은 율무차 회장에게 조언했어요.

"어쩌면 이 사건은 율무차 회장님의 지독한 욕심 때문에 벌어진 것일 수도 있습니다. 무엇이든 혼자 많이 가지고 있다고 해서 행복해지는 게 아니라, 함께 나눌 때 더욱 행복해지는 게 아닐까요?"

율무차 회장은 부끄러워서 더 이상 말을 잇지 못했답니다.

"미안하오. 아들 율피리, 딸 율나팔에게도 내가 너무 인색하게 굴었구나. 오미자 집사, 내가 잘못했네."

"아버지!"

"회장님!"

율무차 가족은 모두 끌어안고 엉엉 눈물을 흘렸어요.

율무차 회장이 오미자 집사를 용서하면서 사건은 그렇게 해결되었답니다.

"저, 회장님. 저와 약속하신……, 율무율무 스낵을 평생 공짜로 먹을 수 있는 스페셜 당첨권은 언제 주시는 건가요?"

나뚱뚱 경감이 문 앞에서 조심스럽게 물었어요.

"그건 안 되겠소. 사건은 고구마 탐정이 해결한 것 아니오? 그 대신에 '열 봉지 더' 쿠폰을 드리겠소."

"헛! 아직도 인색하시군요!"

"하하하핫! 그게 바로 내가 부자가 된 비결이오!"

도전! 고구마 탐정의 과학 추리 퀴즈
어리숙 씨의 가짜 무지개 깃털 사건

어리숙 씨가 고구마 탐정을 찾아왔어요. 어리숙 씨는 자신이 얼마 전에 큰돈을 주고 산 무지개 깃털이 없어졌다며 울상을 지었지요. 과연 고구마 탐정은 무지개 깃털을 찾아 줄 수 있을까요?

고구마 탐정은 어리숙 씨의 깃털이 처음부터 가짜였다는 걸 어떻게 알아낸 걸까요? 사건의 열쇠는 바로 '촛불'과 '빛'이에요.

※ 다음 숨은 그림에서 힌트를 찾으세요!

숨은그림찾기 — 촛대, 촛불, 호롱불, 파이프, 야구공

흑흑, 세상에서 딱 하나밖에 없는 내 무지개 깃털!

아뇨, 무지개 깃털은 촛불만 있으면 누구나 만들 수 있답니다. 빛이 휘어지는 성질을 이용하면 무지개를 만드는 건 아주 쉽거든요.

사건 해결!

가느다란 틈 사이로 빛이 지나가면, 무지개처럼 예쁜 빛이 반짝이게 되어요. 빛은 좁은 틈이나 물건의 끝을 지날 때 휘어지는데, 이것을 '빛의 회절'이라고 하지요.

탐정이 되기 위해 꼭 알아야 할 과학 원리
빛의 비밀

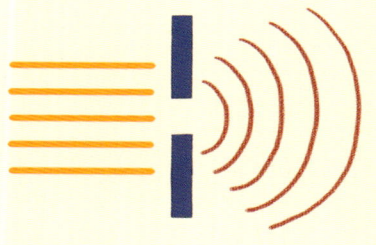

종이에 작은 구멍을 낸 다음 구멍 사이로 밖을 보면 무지개가 아롱아롱 빛나고 있어.

촛불을 앞에 두고 깃털 사이로 불을 보면 마치 무지개가 뜬 것처럼 여러 색이 보이지!

어리숙 씨가 비싼 돈을 주고 산 무지개 깃털은 사실 촘촘한 깃털과 촛불만 있으면 누구든 다 만들 수 있는 것이었어.

작은 구멍이나 가느다란 빗살 사이, 또는 물체의 가장자리를 지나는 빛은 그 경계에서 휘어지게 돼.

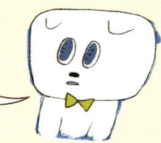

새의 깃털은 머리카락보다 훨씬 가느다란 빗살로 이루어져 있어. 그 사이를 지나는 빛은 휘어져서 서로 얽히게 돼. 그러면 무지개나 십자선 같은 불빛을 볼 수 있지.

  빛은 여러 가지 특징을 갖고 있어요. '반사'는 빛이 장애물을 만났을 때 되돌아오는 현상을 말해요. 그림자가 생기거나, 거울을 볼 수 있는 것 모두 빛이 반사되기 때문이지요.

  또 앞서 고구마 탐정이 밝혀낸 것처럼 '굴절'도 빛의 특징 중 하나예요. 굴절은 빛이 성질이 서로 다른 물체를 만났을 때 빛의 방향이 바뀌는 현상을 가리킨답니다. 그래서 공기를 지나던 빛이 물을 만나면 방향이 꺾여 보이게 되는 거예요. '회절' 역시 빛의 특징 가운데 하나예요. 빛이 좁은 구멍이나 틈을 만났을 때 휘어지는 현상을 말하지요. 비눗방울 표면에서 찾아볼 수 있는 무지개색 빛깔이 바로 회절로 인해 생긴답니다.

미스터리 사건 파일 #2

액체 괴물이 사는 집

🔑 추리 열쇠
충격에 반응하는 액체

크아아아~!!

도망쳐!

어서!

| 교과 연계 | 3학년 2학기 물질의 상태 |
| | 5학년 1학기 용해와 용액 |

고구마 탐정은 알파독과 함께 동네를 산책하고 있었어요. 그런데 고구마 탐정이 생각에 너무 깊이 잠겨 있다가 그만 길을 잃고 말았지 뭐예요. 알파독이 왈왈 짖지 않았더라면 잘못된 길로 가고 있다는 것도 깨닫지 못했을 거예요.

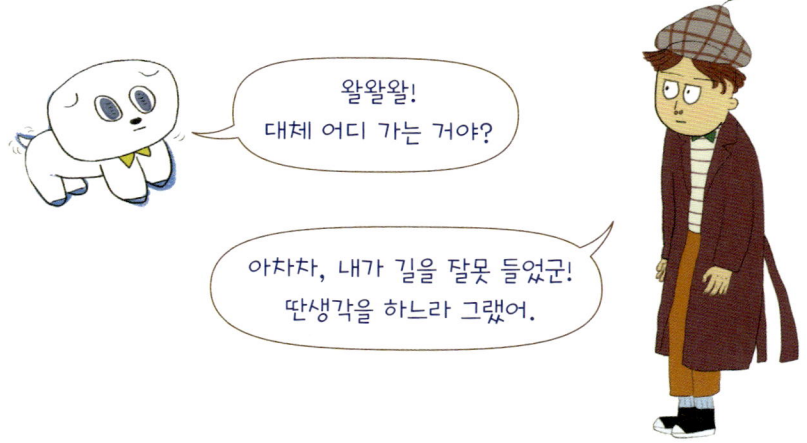

왈왈왈! 대체 어디 가는 거야?

아차차, 내가 길을 잘못 들었군! 딴생각을 하느라 그랬어.

주위를 두리번거리던 고구마 탐정은 낯선 골목을 보게 되었어요. 그곳은 금방이라도 무언가 툭 튀어나올 것처럼 음침하고 으스스했지요.

골목 끝에 저택이 하나 보였는데, 마치 유령의 집처럼 낡고 음산했어요.

고구마 탐정은 몸에 닭살이 돋아나는 것만 같았어요. 불길한 기운 때문일까요? 알파독도 허공을 향해 으르렁거렸어요.

"왜 그래, 알파독? 설마…… 귀신을 보고 짖는 건 아니겠지?"

그때 등 뒤에서 목소리가 들려왔어요.

"조심하세요. 그쪽으로 가면 무시무시한 괴물이 나타난다고요!"

우연히 길을 지나던 아주머니였어요.

"괴물이 산다고요?"

"그곳은 이 동네에서 가장 위험한 곳인데 모르나 보네요. 으슥로 444번지에 있는 저 집은 '오싹오싹 하우스'라고 해요. 지어진 지 몇백 년 된 아주 오래된 저택이랍니다. 요즘 이 동네 사람들은 저 집 때문에 여간 골치 아픈 게 아니에요."

아주머니는 생각만 해도 무섭다는 듯이 고개를 절레절레 흔들었어요.

"밤마다 귀신들 때문에 아주아주 시끄러워 죽겠다고요! 혹시 저 집에 사는 귀신들을 내쫓아 줄 사람은 없나요?"

"저는 탐정이라서 안 되고요. 범죄를 저질렀다고 해도 귀신이라면 체포하기 어려울 것 같은데요?"

아주머니의 이야기는 섬뜩했지만, 고구마 탐정은 호기심이 생겼어요.

"귀신의 저주라니, 왜 그런 생각을 하시는 거죠?"

"저 집의 저주 때문에 새 떼가 죽어 나가기도 하고, 어디서 왔는지 모를 괴상한 들쥐들이 바글거리기도 한다니까요."

"그건 귀신이랑 아무 관련이 없는 현상 같은데요?"

고구마 탐정이 묻자, 아주머니는 다시 곰곰이 생각하더니 손뼉을 쳤어요.

"맞다, 귀신이 나타난다는 걸 증명할 만한 사건이 있

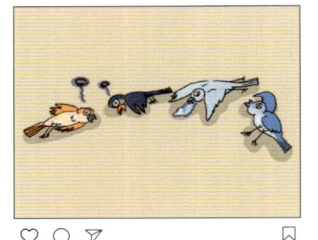

좋아요 444개
으슥로 444번지의 저주1
#길가에 죽은 새 떼가 나타났어요!

좋아요 444개
으슥로 444번지의 저주2
#들쥐 떼가 바글거려요!

좋아요 444개
으슥로 444번지의 저주3
#벽에 붉은 핏자국이 흘러요!

었어요. 얼마 전엔 담벼락에 빨간 핏자국이 묻어 있었다고요! 그걸 본 마을 사람들이 얼마나 놀랐는지 몰라요. 나도 무서워서 소리를 지르며 도망쳤었죠."

"흠, 핏자국이라니……."

범죄의 냄새를 맡은 고구마 탐정은 오싹오싹 하우스에 대해 좀 더 자세히 알고 싶었어요.

마침 아주머니가 길을 지나가던 낯선 두 사람과 인사를 나누었어요. 한 명은 중년으로 보이는 신사였고, 한 명은 젊은 청년이었어요.

신사는 고급스러운 양복을 입은 데다가 값비싼 보석이 박힌 지팡이를 짚고 있었어요. 옆에 선 청년은 검게 탄 얼굴에 몹시 지친 표정을 하고 있었지요.

고구마 탐정은 청년이 아주 먼 곳을 여행하다 돌아왔다는 걸 단번에 알아챘어요. 낡은 운동화는 닳을 대로 닳아 있었고, 옷도 유행이 꽤 지난 것을 입고 있었거든요.

청년이 어떤 곳을 여행하고 왔을지 고구마 탐정이 곰곰이 추측해 보고 있을 때, 신사가 입을 열었어요.

"오싹오싹 하우스에 대해 얘기하시던 것 같았는데, 제가 저 기분 나쁜 집에 대해 잘 알고 있으니 얘기해 드리죠. 아참, 제 소개가 늦었습니다. 저는 이 동네를 재개발하기 위해 앞장서고 있는 재개발 위원회 회장 정말로라고 합니다. 이쪽은 제 조수인 오작교라고 하고요."

고급 양복 신사는 정중하게 인사하며 고구마 탐정에게 명함을 내밀었어요.

명함은 황금빛으로 되어 있었고, '으슥로 재개발 위원회 회장 정말로'라는 이름이 큼지막하게 쓰여 있었지요.

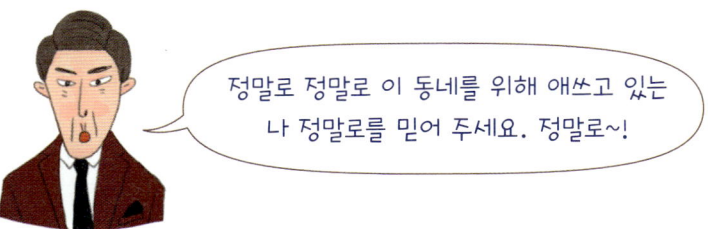

"이 동네를 재개발하시려고요?"

고구마 탐정이 물었어요.

"네, 여긴 다른 곳에 비해 지나치게 낡고 오래된 동네입니다. 특히 저 골목에 있는 오싹오싹 하우스는 너무 낡아서 사람들의 눈살을 찌푸리게 만들죠. 우리 마을의 발전을 위해 저런 곳은 하루라도 빨리 없어져야 합니다."

정말로 회장은 으슥로 일대를 재개발하고 그 자리에 고층 아파트와 멋진 테마파크를 세워야 한다고 주장했어요. 그 말을 들은 아주머니는 대찬성이라며 손뼉을 마구 쳤지요.

"하지만 오싹오싹 하우스의 주인 할아버지가 가장 문제잖아요."

아주머니가 이마를 찌푸렸어요.

"왜요?"

고구마 탐정이 또 물었어요.

"그 할아버지는요, 아주 유별나거든요. 저 낡은 집에 꿀단지라도 숨겨 둔 건지, 원! 자기 집 가까이만 와도 호통을 치며 쫓아낸다니까요."

"맞습니다. 며칠 전엔 그 할아버지가 나를 보자마자 소금을 마구 뿌려 대지 뭡니까. 하지만 두고 보십시오. 이 정말로가 정말로 그 할아버지를 내쫓고 이 동네에 정말로 멋지고 근사한 고층 아파트와 테마파크를 세울 테니까요!"

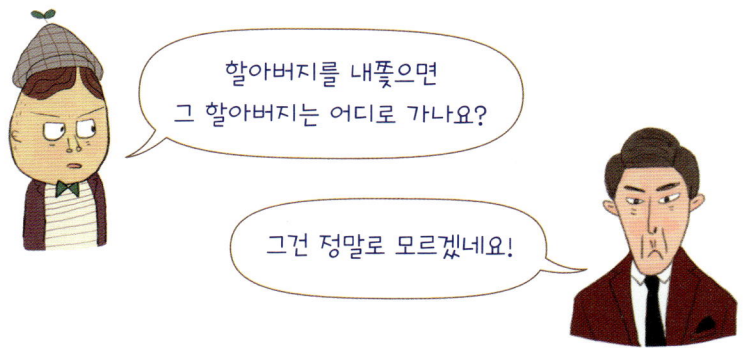

정말로 회장은 오싹오싹 하우스의 주인 할아버지가 끝까지 집을 팔지 않고 버틴다면 동네 사람들을 동원해서라도 억지로 내쫓을 거라며 주먹을 굳게 쥐었어요.

음, 하고 고구마 탐정은 고구마처럼 생긴 턱을 매만졌답니다.

그로부터 며칠 뒤, 나뚱뚱 경감의 전화를 받은 고구마 탐정은 다시 으슥로 444번지를 찾게 되었어요.

고구마 탐정과 알파독이 음침하고 어두운 골목 앞에 이르렀을 때, 나뚱뚱 경감이 심각한 표정을 하고 서성거리는 게 보였지요.

"경감님, 무슨 일이에요?"

"오, 고구마 탐정! 자네의 도움이 필요하네!"

나뚱뚱 경감은 고구마 탐정에게 으슥로 444번지에서 귀신이 나타났다고 말했어요. 고구마 탐정은 어이없는 표정으로 피식 웃었지요.

"에이! 귀신이라뇨, 세상에 그런 건 없어요."

"아닐세, 이번엔 틀림없어."

나뚱뚱 경감은 으슥로 444번지에 큰일이 벌어졌다는 신고를 받고 출동했대요. 재개발 위원회 회장인 정말로가 동네 사람들을 잔뜩 이끌고 오싹오싹 하우스로 쳐들어갔다는 거예요.

"설마 재개발 위원회 사람들이 저 집에 사는 할아버지를 다치게 했나요?"

"아니, 그 반대일세."

정말로 회장이 사람들을 끌고 나타나자, 오싹오싹 하우스에서 음침하고 기분 나쁜 웃음소리가 울려 퍼지더니 미사일이 날아왔다지 뭐예요.

"네? 미사일이라고요?"

고구마 탐정의 눈이 주먹만큼 커졌어요.

"진짜 미사일은 아니고 종이로 만든 미사일이네."

"에이, 난 또 뭐라고. 종이가 뭐가 위험해요?"

고구마 탐정이 허탈하게 웃자, 나뚱뚱 경감은 손사래를 쳤지요.

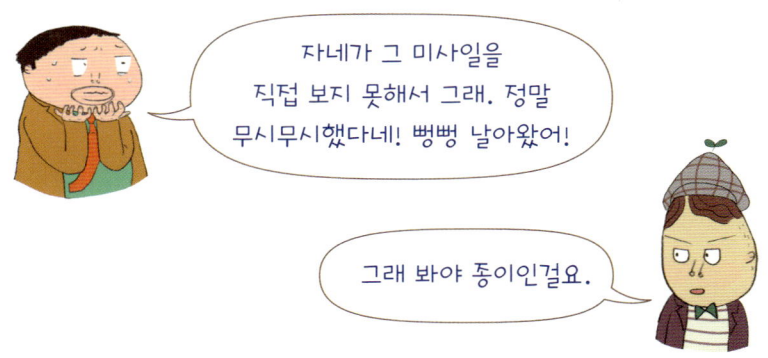

"그건 사람의 힘으로 날릴 수 있는 게 아니었대도! 엄청나게 빠르고 무서운 속도로 사람들을 향해 날아왔어. 그러면서 낄낄낄, 깔깔깔, 귀신들의 웃음소리가 떠나갈 듯 요란하게 들려오지 뭔가."

"흠, 직접 보셨나요?"

"두 눈으로 똑똑히 봤네. 사람들의 신고를 받고 현장에 달려왔을 때 미사일이 휙휙 날아왔다고! 그래서 곧장

자네에게 연락했지. 아무래도 저 집에 귀신이 사는 것 같아서 말이야. 자네라면 귀신도 쫓아낼 수 있겠지?"

나뚱뚱 경감은 애절한 눈빛으로 고구마 탐정을 바라봤어요.

"하하, 전 탐정이라고요. 귀신 쫓는 일은 못 해요."

고구마 탐정은 손을 휘저으며 웃었어요.

그때 정말로 회장이 조수 오작교를 데리고 씩씩거리며 나타났어요.

나뚱뚱 경감이 말리자 정말로 회장은 서류 한 장을 내밀며 대꾸했어요.

"전 귀신을 잡으려는 것이지, 몰래 저 집에 들어가서 나쁜 짓을 하려는 게 아닙니다. 여기 동네 주민들이 저에게 제발 귀신을 잡아 달라며 부탁한 사건 의뢰장도 있습니다. 어때요, 경감님? 이래도 제가 저 집에 들어갈 수 없는 겁니까?"

"그, 그렇다면 어쩔 수 없겠군요."

나뚱뚱 경감이 한풀 꺾인 목소리로 고개를 끄덕였어요. 정말로 회장은 보석이 박힌 지팡이를 휘두르며 소리쳤어요.

"지금 당장 오싹오싹 하우스 안으로 쳐들어가서 집주인 할아버지가 어떻게 공격했는지, 진짜 귀신을 조종한 것인지 알아내야겠어. 오작교, 안내해!"

"……알겠습니다."

뒤에 있던 조수 오작교는 내키지 않는 표정으로 쭈뼛쭈뼛 오싹오싹 하우스 쪽으로 발을 내딛었어요. 그때 고구마 탐정이 한 발짝 앞으로 나섰어요.

"저도 함께 가겠습니다."

"아니, 자네는 왜? 귀신은 자네가 해결할 수 있는 일이 아니라면서?"

나뚱뚱 경감이 물었어요.

"어쩌면 저 집에 사는 건 귀신이 아닐지도 모릅니다. 제 생각에는……."

고구마 탐정은 말끝을 흐렸지요.

그렇게 오작교, 고구마 탐정, 보석이 박힌 지팡이를 추켜든 정말로 회장, 그리고 제일 뒤에 겁을 먹고 두리번거리는 나뚱뚱 경감까지 네 명이 줄을 지어 오싹오싹 하우스로 향하게 되었어요.

"이쪽으로 가면 뒷문이 있습니다. 따라오시죠."

오작교가 손짓으로 가리켰어요.

"뒷문이 있다니? 어떻게 알아낸 거야?"

정말로 회장은 고개를 갸웃했어요.

"회장님께서 집을 감시하라고 하셨을 때, 길고양이들이 드나드는 통로가 있다는 걸 알아냈습니다. 뒷문으로 가는 길이 워낙 좁아서 막아 두었더군요."

"그렇군!"

오작교가 쓰레기통을 치우자 정말 비좁은 통로가 나타났어요.

제일 뒤에 서 있는 게 무서웠던 나뚱뚱 경감이 재빠르게 통로로 들어갔어요.

나뚱뚱 경감이 통로에 끼어 끙끙거렸어요.

"경감님은 대체 왜 따라온 거예요? 경감님이 제일 먼저 나서는 바람에 우리도 못 들어가잖아요!"

고구마 탐정이 나뚱뚱 경감을 있는 힘껏 밀었어요.

"미안하네. 저 집으로 들어갈 방법이 있다는 말에 흥미가 생겨서 나도 모르게 그만 발이 앞서 버렸지 뭔가? 조금만 더 힘을 줘 봐! 지금 엉덩이 한쪽이 나왔고, 나머지 한쪽만 나오면……."

"조금만 더요!"

고구마 탐정과 오작교, 그리고 정말로 회장은 땀을 뻘뻘 흘리며 나뚱뚱 경감을 밀었어요. 푸풍, 소리가 나며 나뚱뚱 경감의 오른쪽 엉덩이가 간신히 통로를 통과할 수 있었지요.

"헉, 이제 좀 살 것 같군!"

옷을 털고 일어선 나뚱뚱 경감은 낡은 자물쇠가 달린 문을 발견했어요. 오작교는 그 문이 오싹오싹 하우스 지하실로 이어질 거라고 했지요.

자물쇠를 살펴본 고구마 탐정이 말했어요.

"흠, 이 자물쇠는 낡고 녹슬긴 했지만, 아직 튼튼해요. 열쇠가 없으면 문을 열기 힘들겠는데요?"

나뚱뚱 경감은 자물쇠를 거칠게 흔들었어요.

비켜! 내가 자물쇠를 부숴 버리겠네!

참, 참아요, 경감님.

나뚱뚱 경감과 정말로 회장은 간신히 들어온 통로로 되돌아갈 생각을 하니 눈앞이 캄캄했어요. 둘은 털썩 자리에 주저앉았어요.

그때 오작교가 주위를 두리번거리더니 벽돌 밑에서 열쇠 하나를 꺼냈지요.

"여기 열쇠가 있습니다!"

오작교는 지하실 문을 여는 열쇠가 틀림없을 거라고 말했어요.

여기 열쇠가 있는 건 어떻게 아셨어요?

우, 우연입니다! 그냥 발견했어요.

순간 고구마 탐정은 수상쩍은 표정으로 오작교를 살펴보았지요. 오작교는 시선을 돌리며 딴청을 피웠어요.

"우, 우리 집도 이런 곳에 열쇠를 숨겨 두거든요. 혹시나 하고 찾아보았을 뿐인데 정말 운이 좋았네요!"

"아무튼 다행이네요. 어서 집으로 들어가 보자고."

열쇠를 받아 든 나뚱뚱 경감이 자물쇠를 풀고 낡은 문을 힘껏 밀었어요.

삐꺽—.

낡은 문이 움직였어요. 오작교의 말대로 그 문은 지하실로 연결되어 있었어요.

지하실 안에는 먼지 가득한 잡동사니들과 수천 장은 되어 보이는 LP판, 100년은 더 된 것 같은 낡고 고급스러운 전축과 라디오, 스피커 따위가 보였어요.

게다가 특이하게도 지하실 천장에는 아주 커다란 스피커가 달려 있었지요.

"스피커가 왜 저기에 달려 있는 거지?"

나뚱뚱 경감이 중얼거리자, 옆에 있던 오작교가 불쑥

대답했지요.

"할아버지가 옛날에 전축이랑 라디오 고치는 일을 했었어요. 아끼는 스피커에 먼지가 쌓이지 않도록 하려고 그랬을지도 모르죠."

"이 집 주인 할아버지가 그런 일을 했다고요? 어쩐지! 그래서 이런 골동품들이 창고에 가득했던 거로군. 그런데 오작교 씨는 그걸 어떻게 아는 거죠?"

나뚱뚱 경감의 물음에 오작교는 당황한 듯 머리를 긁적이더니 말했어요.

"정말로 회장님께서 이 집 주인이 무얼 하는 사람이었는지 알아보라고 하셨어요. 그래서 조사하다 보니 대충 알게 된 겁니다."

"흐음, 그렇군요!"

더듬더듬—.

어둠을 헤치고, 고구마 탐정과 오작교, 그리고 나뚱뚱 경감은 답답하고 먼지가 가득한 지하실을 빠져나와 거실에 도착했어요.

그러자 모두의 눈앞에 놀라운 광경이 펼쳐졌지요.

"끄아아아!"

이상한 소리를 내는 흰 괴물이 마룻바닥 사이로 불쑥불쑥 튀어나오려 했던 거예요.

"크아아아악!"

소리가 커지면 커질수록 괴물의 움직임도 커졌어요! 그 모습은 마치 거대한 괴물이 지옥의 입구에서 빠져나오려는 듯 보였답니다!

"세상에, 이 집에 정말 괴물이 있었어!"

"고, 고구마 탐정, 어떻게 좀 해 보게!"

괴물을 보고 당황한 정말로 회장은 얼음이 된 듯 꼼짝하지 못했고, 겁을 먹은 나뚱뚱 경감이 고구마 탐정 뒤로 몸을 숨기며 소리쳤지요.

"저는 탐정이지 괴물 사냥꾼이 아니라고요! 괴물은 제가 어쩔 수 없어요!"

고구마 탐정이 뒷걸음질 칠 때였어요. 오작교가 뭔가를 발견하고 외쳤지요.

"저길 좀 보세요! 사람이 쓰러져 있어요!"

바닥에 쓰러져 있던 건 바로 오싹오싹 하우스의 주인 할아버지였어요.

오작교는 당장 구급차를 불러야 한다며 할아버지를 둘러업었어요.

"괴, 괴물은 어쩌고?"

정말로 회장이 괴물은 누가 붙잡느냐고 소리쳤지만, 나뚱뚱 경감은 들은 척도 하지 않고 곧장 할아버지를 업은 오작교와 함께 밖으로 나가 버렸지요. 고구마 탐정도 지금은 할아버지를 구하는 게 먼저라며 뛰어나갔어요.

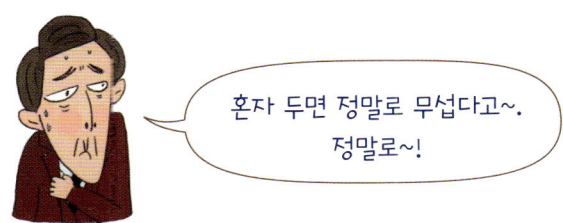

혼자 두면 정말로 무섭다고~.
정말로~!

결국 겁먹은 정말로 회장도 오싹오싹 하우스 밖으로 빠져나와야만 했지요.

삐뽀, 삐뽀, 삐뽀—.

할아버지는 구급차에 실려 병원으로 갔어요.

다행히도 특별히 문제가 있는 곳은 없었고 가벼운 영양실조였다고 해요. 할아버지는 그동안 집을 지키느라 꼼짝도 할 수 없었대요. 그래서 냉동식품만 잔뜩 사다 놓고 조금씩 먹었는데, 그것 때문에 영양이 충분하지 못해 쓰러졌던 거지요.

"큰 병이 아니라니 천만다행이네요."

고구마 탐정은 나뚱뚱 경감이 전해 준 할아버지의 소

식에 안도의 한숨을 내쉬었어요.

그러자 정말로 회장이 이럴 게 아니라 다시 집으로 가서 조사해 보자고 외쳤지요.

"할아버지가 편찮으신데 꼭 그래야 합니까?"

오작교가 내키지 않는다는 듯한 얼굴로 물었어요.

"그러니까 지금이 기회인 거지! 주인 할아버지가 없을 때 집 안을 샅샅이 조사해야 해! 그 귀신인지, 괴물인지 뭔지를 붙잡아야 한다고! 그래야 집을 허물고 고층 아파트와 멋진 테마파크를 지을 수 있어!"

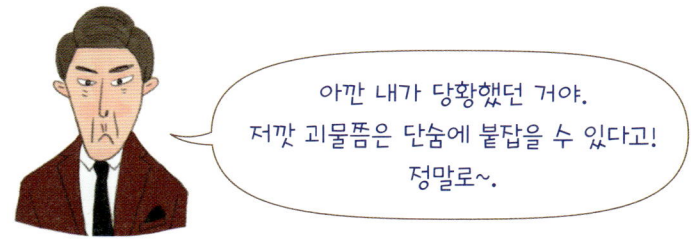

아깐 내가 당황했던 거야.
저깟 괴물쯤은 단숨에 붙잡을 수 있다고!
정말로~.

정말로 회장은 괴물을 붙잡겠다며 오작교에게 당장 오싹오싹 하우스로 가자고 호통을 쳤어요.

그 순간, 고구마 탐정은 정말로 회장이 오작교에게 입

모양은 달싹거리지 않고 복화술처럼 속삭이는 말을 엿들었어요.

"그 집에 들어가서 할아버지의 도장을 훔쳐야 해, 지금이 기회야!"

정말 작은 소리로 오작교의 귀에만 들리게 한 말이었지만, 예리한 고구마 탐정이 놓치지 않았던 거지요.

고구마 탐정은 자신도 확인할 것이 있다며 정말로 회장과 오작교의 뒤를 따라가기로 했어요. 병실에서 나온 나뚱뚱 경감도 엉겁결에 합류했지요.

"저도 확인할 것이 있습니다."

그렇게 또다시 오작교, 고구마 탐정, 보석이 박힌 지팡이를 추켜든 정말로 회장, 그리고 제일 뒤에 겁을 먹고 두리번거리는 나뚱뚱 경감까지 네 명이 줄을 지어 오싹오싹 하우스로 향하게 되었어요.

"또 괴물이 나오면 어쩌지?"

오싹오싹 하우스의 거실로 들어온 정말로 회장은 오작교의 등 뒤로 숨으며 말했어요.

"고구마 탐정, 팔 좀 빌려주게."

나뚱뚱 경감도 고구마 탐정의 팔을 꽉 붙잡았지요.

그런데 이상했어요. 이번엔 괴물이 나타나지 않았거든요. 불 꺼진 집 안은 그저 매우 고요하고 음침할 뿐이었어요.

"하, 어디선가 괴물이 튀어나올지도 모른다고 생각하니 떨려서 움직일 수가 없군."

"그 몹쓸 괴물이 나타나면 이번엔 보석 지팡이로 사정없이 후려쳐 주지!"

정말로 회장이 지팡이를 공중에 휙휙 휘두르는 시늉을 보였지요.

그 순간! 뻐꾸기시계가 불쑥 튀어나왔어요.

"뻐꾹! 뻐꾹!"

시계 소리에 모두 깜짝 놀랐지요.

바닥이 떨리는 느낌이 났어요. 모두 놀라서 바짝 붙어 섰어요.

"괴, 괴물이 나타나려고 한다!"

"도망쳐!"

바닥에서 희고 끈적끈적한 액체 괴물이 꿈틀꿈틀 나타났어요! 바닥에서 솟구친 괴물은 기분 나쁜 소리를 내며 점점 부풀어 올랐지요.

"도, 도망쳐야 해!"

정말로 회장과 나뚱뚱 경감은 허겁지겁 문을 향해 달려갔어요.

하지만 고구마 탐정은 문을 향해 도망치는 대신 괴물

을 향해 다가가려 했어요.

바로 그 순간!

"당장 내 집에서 나가라!"

어디선가 쩌렁쩌렁한 목소리가 들려왔지요.

돌아보니, 문 앞에 할아버지가 서 있었어요. 병원에서 영양제를 맞고 다급히 집으로 돌아왔던 거예요.

"할아버지, 이런 괴물이 나오는 집을 왜 집을 팔지 않고 지키려는 겁니까?"

정말로 회장은 할아버지에게 집을 넘기면 당장이라도 값을 후하게 쳐주겠다며 거래를 제안했어요.

"어림없는 소리, 난 이 집을 절대 팔 수 없다!"

할아버지는 자기 집에서 썩 나가라며 고래고래 소리쳤어요.

고구마 탐정이 뒤를 돌아보니, 조금 전까지 꿈틀거리던 괴물이 감쪽같이 사라졌지 뭐예요.

"괴, 괴물은 어디로 사라진 거지?"

나뚱뚱 경감이 주위를 두리번거렸어요.

그러자 할아버지는 만약 이 집을 계속 팔라고 강요하면 마을 전체에 괴물을 풀어 버릴 거라고 으름장을 놓았지요.

"뭐, 뭐라고요?"

"이 괴물은 내 말만 듣는단 말이다!"

할아버지의 말에 겁을 먹은 정말로 회장이 밖으로 뛰어나가려 했어요.

그때 고구마 탐정은 우연히 벽장을 올려다보다가 무언가 이상하다는 생각이 들었지요.

"할아버지, 이 집을 팔지 못하는 이유가 있나요?"

"너희가 그런 건 왜 궁금해하는 거냐?"

그러자 고구마 탐정은 벽장 위에 놓인 편지 더미를 가리켰어요.

"혹시 누군가를 기다리시는 건가요?"

벽장 위에는 편지들이 수북하게 쌓여 있었어요. 우표를 보니 여러 나라에서 온 편지 같았지요.

"흥, 내가 그런 것까지 말할 것 같으냐! 그냥 이곳에서 나가기나 하게."

할아버지의 말에 고구마 탐정의 얼굴이 빨갛게 달아올랐어요. 동시에 참기 힘들 만큼 달콤한 군고구마 냄새가 사방으로 퍼졌지요.

냄새를 맡은 사람들은 군침을 꿀꺽 삼켰어요.

"이게 웬 달달한 냄새지?"

정말로 회장이 코를 킁킁거리며 고구마 탐정이 있는 쪽으로 다가왔어요.

마침내 추리를 끝낸 고구마 탐정이 할아버지를 향해 말했지요.

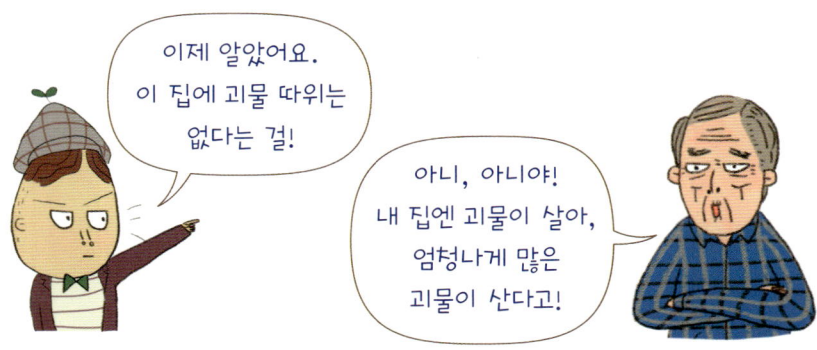

이제 알았어요. 이 집에 괴물 따위는 없다는 걸!

아니, 아니야! 내 집엔 괴물이 살아, 엄청나게 많은 괴물이 산다고!

할아버지가 버럭 소리치자, 고구마 탐정이 똑 부러지게 말했어요.

"아뇨, 할아버지 집에 괴물은 없어요. 우리가 본 건 녹말과 스피커를 이용해 만든 헛것일 뿐이에요."

"고구마 탐정, 그게 무슨 말인가?"

나뚱뚱 경감이 묻자, 고구마 탐정은 지하실에서 발견한 스피커를 기억하느냐고 말했지요.

"그래, 아주 커다란 스피커가 있었지."

고구마 탐정은 할아버지가 리모컨으로 지하실 천장에 붙어 있는 스피커를 작동시켰을 거라고 말했어요. 그러면 스피커 위에 놓인 액체 녹말이 충격을 받아 고체가 될 테고, 틈이 벌어져 있는 마룻바닥 사이를 비집고 올라오게 되었을 거라고 추리한 거예요.

"그게 정말 가능하다고?"

"촘촘한 마룻바닥은 삐져나올 수 없었겠지만, 이 집처럼 낡아서 틈이 벌어져 있는 마룻바닥 사이로는 얼마든지 고체로 변한 액체 녹말이 삐져나올 수 있을 거예요. 그것을 우리는 어두컴컴한 나머지 괴물이 마룻바닥을 비집고 나오려고 한다고 착각했던 거죠."

"에잇, 정말 고약한 노인네로군!"

정말로 회장이 왜 이렇게까지 하면서 집을 팔지 않으려는 것이냐고 따져 물었어요. 그렇지만 할아버지는 입을 꾹 다문 채 아무 말도 하지 않았지요.

"당장 이 집을 내게 팔라고요!"

정말로 회장이 윽박지르듯 소리쳤어요. 그때 고구마 탐정이 끼어들었지요.

"할아버지는 이 집을 떠난 손자를 기다리시는 거예요. 맞지요?"

"그, 그걸 어떻게!"

"할아버지의 손자는 꿈을 이루기 위해 세계 여러 나라

를 여행 중이었을 거예요. 할아버지는 손자가 보낸 편지를 매우 소중하게 간직하며 읽고, 또 읽었죠. 그래서 벽장 위에 늘 편지가 놓여 있었던 거고요."

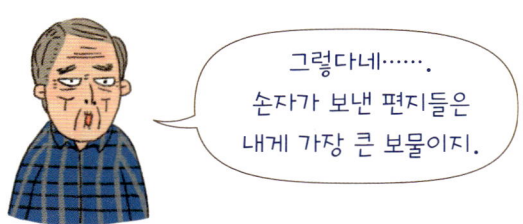

그렇다네…….
손자가 보낸 편지들은 내게 가장 큰 보물이지.

할아버지가 고개를 끄덕이자, 고구마 탐정이 오작교를 향해 말했어요.

"그런데 왜 할아버지 앞에 나타나지 않는 거지요? 오작교 씨, 당신이 바로 할아버지가 기다리고 있는 손자잖아요."

순간, 오작교의 눈동자가 흔들렸어요.

"저 청년이 내 손자라고?"

할아버지가 두 눈을 크게 뜨고 커다란 모자를 깊게 눌러 쓴 오작교를 바라보았지요. 오작교는 검게 탄 얼굴을 푹 숙이며 아무 말도 하지 못했어요.

"세상에, 정말 내 손자로구나! 내 눈이 침침해서 너를 알아보지 못했구나."

오작교의 모자를 벗기고 얼굴을 들여다본 할아버지가 기뻐 어쩔 줄 몰라 했어요. 오작교는 바닥에 털썩 주저앉으며 울음을 터트렸지요.

"제 꿈은 전 세계를 돌며 보물을 찾는 보물 사냥꾼이 되는 것이었어요. 할아버지께선 제 꿈을 반대했지요. 하지만 전 할아버지의 말을 듣지 않고 꿈을 이루기 위해 집을 나가 버렸어요……."

오작교는 이곳저곳을 돌아다니며 보물을 찾아 헤맸지만, 실패했다고 허요.

"꿈을 이루어 할아버지를 더 좋은 집으로 모셔 가고 싶었어요. 그런데 이렇게 초라한 모습으로 돌아오고 말았지 뭐예요."

오작교는 차마 할아버지께 자기 모습을 보일 수가 없었다고 해요. 그래서 정말로 회장 밑에서 일을 하며 돈을 모으려 했는데, 하필이면 정말로가 하는 일이 할아버지가 사는 집을 빼앗고 으슥로를 재개발하는 것이었다지요.

얘야, 난 네가 어떤 모습이어도 상관없이 사랑한단다. 난 네가 돌아오기만을 기다렸어.

죄송해요, 할아버지!

할아버지는 오작교를 끌어안으며 눈물을 흘렸어요.

모두가 감격해하던 순간, 나뚱뚱 경감이 머리를 긁적이며 끼어들었지요.

"그런데 내가 본 종이 미사일은 어떻게 한 겁니까? 정말 귀신이 던진 게 아닌가요?"

"그건 드라이아이스로 만든 거예요. 플라스틱 물통 속에 드라이아이스를 넣어 두고, 그 입구를 종이컵으로 막으면 간단하게 종이 미사일을 만들 수 있죠."

"그게 그토록 강력한 위력으로 날아온 거라고? 핑핑핑! 정말 미사일처럼 무서웠다니까!"

"휴, 그런 줄도 모르고 엄청나게 놀랐었군."

모든 사건의 진실을 알게 된 나뚱뚱 경감이 가슴을 쓸어내리며 웃음을 지었어요.

이번에도 고구마 탐정의 활약 덕분에 오싹오싹 하우스의 주인 할아버지는 그토록 기다리던 손자와 다시 만나게 되었고, 사람들을 두려움에 떨게 했던 속임수도 모두 밝혀낼 수 있었지요.

"그렇지만, 나는 아직 알 수가 없네. 으슥로 444번가에 나타난 죽은 새 떼와 바글거리던 들쥐 떼, 벽에 칠해진 붉은 핏자국들은 다 뭐지? 귀신의 저주가 아니라면 대체 뭐냐고?"

나뚱뚱 경감은 고개를 갸웃거렸어요.

오작교가 결심이 선 단호한 얼굴로 입을 열었지요.

"사실은 정말로 회장이 그런 것입니다."

"무슨 소리를 하는 거야? 오작교! 증거 있어?"

정말로 회장이 날뛰었어요.

"여기 증거가 있습니다."

오작교는 휴대 전화로 찍은 사진을 보여 주었어요.

정말로 회장이 죽은 새 떼를 가져다 뿌리는 모습과 들쥐들을 푸는 모습, 붉은 핏자국처럼 보이도록 페인트를 흘리는 모습이 모두 찍혀 있었지요.

"그, 그걸 언제?"

자기가 한 짓을 들킨 정말로 회장이 당황해서 헛기침했어요.

그 모습을 본 나뚱뚱 경감은 정말로 회장에게 할아버지와 마을 사람들을 괴롭힌 대가를 치러야 할 거라며 수갑을 철컥 채웠지요. 그제야 할아버지와 오작교의 얼굴에도 오랜만에 미소가 떠올랐답니다.

도전! 고구마 탐정의 과학 추리 퀴즈
소수라 씨의 가짜 영매 사건

고구마 탐정의 옆집에 사는 소수라 씨가 부랴부랴 고구마 탐정을 찾아왔어요. 소수라 씨는 고구마 탐정의 도움이 꼭 필요하다고 했지요. 과연 어떤 사건일까요?

길에서 만난 영매*가 돌아가신 어머니를 만나게 해 주겠다고 약속했지 뭐예요. 그래서 큰돈을 주었답니다.

며칠 전

어머니를 만나고 싶지?

네, 그럴 수만 있다면 돈은 얼마든지 드릴 수 있어요!

어머니가 나타나면 끼익, 하는 비명이 들릴 거야. 영혼이 찾아왔단 뜻이지.

영매 죽은 사람의 영혼과 말이 통하는 사람.

　고구마 탐정은 영매가 불러낸 영혼이 가짜라는 걸 어떻게 알아낸 걸까요? 사건의 열쇠는 바로 '포크'예요.

※ 다음 숨은 그림에서 힌트를 찾으세요!

숨은그림찾기 — 꽃, 장갑, 모자, 컵, 연필, 지우개

영혼이 찾아오지 않았다면 아무도 없는 곳에서 어떻게 끼익, 하는 소리가 났을까?

영매가 소수라 씨를 감쪽같이 속일 수 있었던 것은 열전도율 때문이에요. 열전도율의 차이를 이용하면 얼마든지 가능한 일이죠.

사건 해결!

열은 따뜻한 쪽에서 차가운 쪽으로 옮겨 가요. 이렇게 열이 얼마나 잘 옮겨 가는지를 나타내는 걸 '열전도율'이라고 해요. 물질마다 열을 잘 전달하는 정도가 다 달라요. 드라이아이스는 열전도율이 높은 물질이에요. 그래서 차가운 드라이아이스가 금속 같은 따뜻한 물건을 만나면, 순식간에 기체로 변하면서 튀어오르려 해요. 이때 포크랑 드라이아이스가 빠르게 떨어졌다 붙었다를 반복하면서 덜덜 떨리는 진동이 생겨요. 그래서 "끼익!" 하는 소리가 나게 된 거랍니다.

탐정이 되기 위해 꼭 알아야 할 과학 원리
드라이아이스의 비밀

드라이아이스는 기체인 거야? 아니면 고체인 거야?

드라이아이스는 이산화 탄소 기체를 압축해서 아주 차갑게 만든 고체야. 드라이아이스에서 하얀 연기처럼 보이는 게 올라오지만, 사실 그게 이산화 탄소 기체는 아니야! 그럼 그 하얀 연기의 정체는 뭘까? 무슨 기체인지 알아보는 실험을 해 보자!

101

❶

엇, 물이 부글부글 소리와 함께 하얀 연기가 올라오고 있어!

❷

여기에 세제 몇 방울을 떨어뜨리면 연기로 가득 찬 비누 거품이 솟아올라 점점 커지다가 터지면서 하얀 연기를 내뿜을 거야.

❸

드라이아이스에서 피어나는 연기는 이산화 탄소가 아니라 고체가 기체로 변하면서, 공기 중의 수증기가 모여 만들어지는 작은 물방울들이야.

아하! 드디어 드라이아이스의 비밀을 알게 됐어!

드라이아이스는 냉동식품을 차갑게 보관할 때 자주 쓰는 '냉매'의 한 종류예요. 냉매는 물건을 차갑게 만들어 주는 물질이지요. 드라이아이스는 주위의 열과 습기를 빨아들이는 성질이 있어서, 습기를 없앨 때도 좋아요.

　또 하나 신기한 점! 드라이아이스는 녹아서 물처럼 되지 않고, 바로 기체로 변해요. 이런 걸 '승화'라고 해요. 즉, 고체에서 액체를 거치지 않고 바로 기체로 바뀌는 거예요. 반대로, 기체가 액체가 되지 않고 바로 고체로 변하는 것도 '승화'라고 불러요. 이처럼 승화는 양쪽 방향 다 가능하답니다!

미스터리 사건 파일 #3

의문의 총알

🔑 추리 열쇠
자석의 성질

교과 연계 | 3학년 1학기 자석의 이용

어느 평화로운 오후, 고구마 탐정이 음악을 들으며 한가롭게 차를 마시고 있을 때였답니다.

우당탕, 우당퉁탕!

고요한 분위기를 깨는 시끄럽고 요란한 발소리가 들려왔어요.

거대한 코끼리가 달려오는 듯한 발소리의 주인공은 바로 나뚱뚱 경감, 그리고 오동통 형사였지요.

"고구마 탐정!"

둘은 동시에 탐정 사무소의 문을 열어젖히고 고구마 탐정을 불렀어요.

"이번엔 또 무슨 일인가요?"

고구마 탐정이 한숨을 쉬며 되묻자, 나뚱뚱 경감이 다급한 목소리로 외쳤어요.

"고구마 탐정, 혹시 파티에 갈 생각이 있나?"

나뚱뚱 경감이 내민 건 누군가 고구마 탐정 앞으로 보낸 초대장이었어요.

> 초대장
>
> 다크 다이아몬드를 자랑할 거임.
>
> 오고 싶으면 오든지 말든지~.
>
> -태평양 백작-

 태평양 백작은 희귀한 보석 수집가로 아주 유명한 사람이에요. 이번에 새로 수집한 보석인 '다크 다이아몬드'를 세상에 자랑하고 싶어서 성대한 파티를 열기로 한 것이었지요.

 "글쎄요. 저는 보석 따위엔 관심이 없어서……."

 고구마 탐정이 망설이자, 오동통 형사가 침을 꼴깍 삼키며 말했어요.

 "이런 파티를 거절하다니! 말도 안 돼요!"

 "그래, 자넨 꼭 가야 하네!"

 나뚱뚱 경감도 거들었지요.

"왜냐고? 거긴 아주아주 맛있는 음식이 많을 테니까!"

"유명한 백작이 여는 파티이니 지금껏 먹어 보지 못한 음식들로 가득하겠죠?"

"그, 그런 거라면 사양하고 싶은데······."

나뚱뚱 경감과 오동통 형사는 당장이라도 고구마 탐정을 파티에 끌고 갈 기세였어요. 고구마 탐정은 하는 수 없이 태평양 백작이 여는 파티에 참석하겠다고 약속하고 말았지요.

며칠 뒤, 파티가 열리는 날이 되자 나뚱뚱 경감과 오동통 형사가 고구마 탐정을 찾아왔어요. 둘은 마치 약속이라도 한 듯 파란 양복을 입고, 빨간 나비넥타이를 매고 있었지요.

고구마 탐정은 둘의 모습이 먹이를 기다리는 물개 같

다고 생각하며 킥, 웃음을 터트렸어요.

"자자, 시간이 없어요! 파티에 제일 먼저 가서 가장 맛있는 음식들을 먹어 치우자고요!"

오동통 형사가 군침을 흘리며 말했어요. 나뚱뚱 경감은 부랴부랴 고구마 탐정을 잡아끌었지요.

"잠깐! 난 아직 준비도 못 했다고요!"

"준비할 게 뭐 있나. 자넨 이대로 가도 돼!"

이렇게 고구마 탐정은 태평양 백작의 저택으로 끌려가 듯 가게 되었답니다.

"우아, 태평양이라는 백작은 정말 부자인 모양이군."

"집이 온통 보석으로 꾸며져 있군요!"

태평양 백작의 집은 보석 수집가의 집답게 반짝이는 장식품들이 가득했어요. 화려한 샹들리에에는 다이아몬드가 박혀 있었고, 장식품에도, 촛대에도, 주전자에도 보석이 큼지막하게 박혀 있었지요.

"온 집 안이 번쩍번쩍하는구먼!"

나뚱뚱 경감과 오동통 형사는 두 눈을 휘둥그레 뜨고 주위를 두리번거렸어요.

그때 검정 양복을 입은 남자가 싸늘한 표정으로 둘을 노려보았지요.

"두 분, 여긴 어떻게 오셨나요?"

"아, 우린 파티에 초대받은 고구마 탐정을 따라온 나뚱뚱 경감 그리고 오동통 형사입니다."

"고구마 탐정? 파티 초대자 명단에 그런 이름은 없었

는데……."

 검정 양복의 남자가 파티 초대자 명단을 살펴보기 시작했어요.

 그사이 요리사들이 다양한 종류의 파티 음식들을 응접실로 날랐지요.

"죄송합니다. 명단에는 고구마 탐정이 없습니다."

"하지만 여기 초대장이 이렇게 있잖아요."

오동통 형사가 고구마 탐정이 받은 초대장을 당당하게 내밀었어요.

그러자 검정 양복의 남자가 두 눈을 찌푸리더니 무서운 목소리로 "도토시 양! 당장 이쪽으로 오세요!"라고 외쳤지요. 그 소리에 음식을 나르던 직원 한 명이 화들짝 놀랐어요.

철푸덕!

그 직원은 접시를 떨어트리고 말았어요. 고급 상어알 요리가 바닥에 흩어졌지요.

"헉!"

"으악!"

나뚱뚱 경감과 오동통 형사가 떨어진 음식이 아깝다는 듯이 두 눈을 찡그렸어요.

"죄, 죄송합니다."

접시를 떨어트린 도로시는 안절부절못하고 바닥에 떨

어진 음식을 치우려 했지요.

그때 검정 양복의 남자가 싸늘한 목소리로 말했어요.

"도로시 양, 고구마 탐정이라는 분에게도 초대장을 보냈습니까?"

"고구마 탐정이라면…… 맞아요, 제가 초대장을 보냈습니다."

"왜요? 고구마 탐정은 손님 명단에 없는 분인데요?"

"앗, 죄송합니다! 아주 유명한 분이라 초대하면 좋을 것 같다는 생각에 그만……. 제가 실수를 저질렀네요!"

도로시는 새파랗게 질린 얼굴로 고개를 숙이며 연거푸 사과했어요.

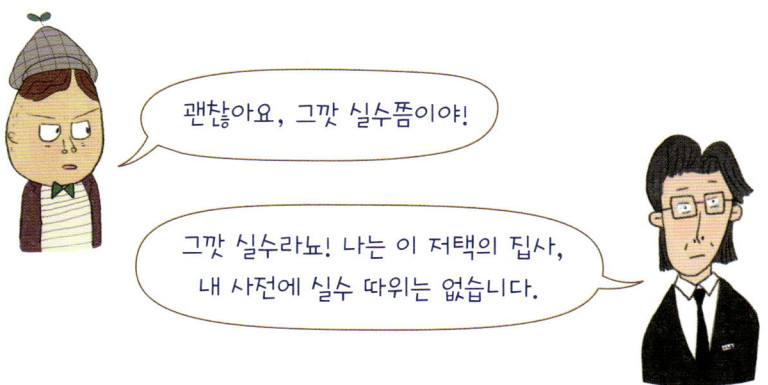

고구마 탐정은 손사래를 쳤지요. 그러나 검은 양복의 남자는 도로시를 용서할 생각이 없는 듯했어요.

"멋대로 파티에 손님을 초대하다니! 도로시 양, 또 실수를 저지르면 어떻게 하기로 했죠?"

"이 저택에서 일을 그만두기로 했습니다……."

"좋아요, 당장 이곳에서 나가십시오."

검은 양복의 남자가 말하자, 도로시는 눈물을 뚝뚝 흘리며 제발 한 번만 용서해 달라고 애원했어요.

"에이, 이런 사소한 실수로 사람을 내쫓다뇨. 용서해 주시죠."

보다 못한 나뚱뚱 경감이 끼어들었어요. 오동통 형사도 고구마 탐정은 아주 유명한 사람이니 그냥 넘어가도 된다며 거들었지요.

"흐음, 고구마 탐정이 그렇게 유명한 사람입니까?"

검정 양복의 남자는 고구마 탐정이 누군지 전혀 모르는 눈치였어요.

"그럼요, 고구마 탐정은 해결하지 못하는 사건이 없는

명탐정이라고요!"

"흠……. 그렇다면 기왕 오셨으니, 파티를 즐기도록 하십시오."

검은 양복의 남자는 마뜩잖은 눈치로 허락해 준 뒤 파티 준비로 바쁘다며 자리를 떠났어요.

고구마 탐정은 처음부터 올 생각도 없던 파티에 억지로 오게 된 것도 모자라, 파티장에서 내쫓길 뻔했다고 생각하니 기분이 좋지 않았어요.

그때 도로시가 고구마 탐정에게 예전부터 팬이었다며 사인을 해 달라고 부탁했지요. 고구마 탐정이 대답하기도 전에, 나뚱뚱 경감이 자기가 대신 해 주면 안 되겠느냐고 물었어요.

"나뚱뚱 경감님이시죠? 경감님도 정말 좋아해요!"

"헛, 정말입니까?"

도로시의 말에 나뚱뚱 경감의 얼굴이 빨갛게 달아올랐지요.

"그나저나 저 남자는 너무 쌀쌀맞군요."

나뚱뚱 경감은 '도로시 양, 고구마 탐정을 파티에 초대해 주셔서 감사해요!'라고 쓰고 그 밑에 사인을 휘갈기며 말했어요.

사인한 종이를 받으며 도로시가 손을 내저었지요.

"아니에요. 서늘해 집사님은 정말 좋은 분이에요. 서늘해 집사님이 화가 많으신 건 제가 툭하면 실수를 저지르기 때문이랍니다."

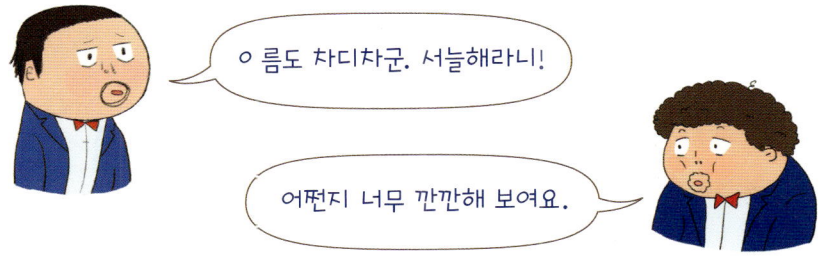

도로시는 자신이 평소에 덜렁덜렁 사고를 치는 바람에 서늘해 집사에게 미운털이 박힌 거라고 말했어요.

"그나저나 도로시 양, 바닥에 떨어진 이 음식들은 어떻게 하실 겁니까?"

"네?"

나뚱뚱 경감의 물음에 도로시가 고개를 갸웃했어요.
"괜찮다면, 제가 먹어도 될까요?"
"저도요!"
"하지만 바닥에 떨어진 건데……."
"괜찮아요. 이렇게 후후, 불어서 먹으면 아무렇지도 않으니까요."

나뚱뚱 경감과 오동통 형사는 눈 깜짝할 사이에 땅에 떨어진 상어알 요리를 먹어 치웠어요.

그 모습을 보면서 고구마 탐정은 한숨을 내쉬었지요. 어쩐지 하나부터 열까지 일이 배배 꼬이는 느낌이 들었거든요.

"여러분, 곧 다크 다이아몬드를 공개하겠습니다! 모두 여기를 주목해 주십시오."

파티가 한창인 응접실에서 태평양 백작의 목소리가 들려왔어요.

사람들이 기대에 찬 표정으로 태평양 백작을 바라보았지요.

태평양 백작의 파티에 온 사람들은 모두 유명인들이었어요. 국회의원, 은행장, 아나운서, 작가, 음악가는 물론 유명한 영화배우도 있었어요.

"엇, 저 사람은 영화배우 미수로 잖아?"

응접실 한쪽에 놓인 뷔페 코너에서 음식을 쓸어 담던 나뚱뚱 경감이 멈칫했어요.

"그러네요."

"미수로도 보석을 엄청나게 좋아한다더니, 태평양 백작이 수집한 다크 다이아몬드를 구경하고 싶었나 보군."

고구마 탐정은 언젠가 읽은 미수로에 관한 신문 기사를 떠올렸어요. 미수로는 세상에서 가장 갖고 싶은 것이 다크 다이아몬드라며, 그것만 구할 수 있다면 당장 은퇴해도 상관없다고 말했을 정도였지요.

"이것만 먹고 저쪽으로 가 봐야겠어. 미수로에게 사인이라도 받아 둬야지!"

나뚱뚱 경감이 스테이크를 크게 썰어 우걱우걱 씹어 먹으며 말했어요.

"경감님, 영화태우 미수로를 좋아하세요?"

"그럼요, 나뚱뚱 경감님이 세상에서 제일 좋아하는 배우가 바로 미수로라고요."

고구마 탐정의 물음에 오동통 형사가 대신 대답했어요.

나뚱뚱 경감이 접시 위에 놓인 마지막 고기를 허겁지겁 먹고 있을 때였어요. 도로시가 미수로에게 샴페인을 따라 주려다가 실수로 옷에 흘리고 말았지 뭐예요.

"으악, 이게 무슨 짓이야?"

"죄, 죄송합니다!"

도로시는 연거푸 고개를 숙이며 사과했어요. 하지만 미수로의 화는 조금도 누그러들지 않았어요.

"이건 아무 데서나 함부로 세탁해선 안 되는 고급 드레스란 말이야!"

미수로는 짜증을 내며 화장실로 갔어요. 그 모습을 본 서늘해 집사가 도로시를 향해 성큼 다가왔지요.

"무슨 일입니까?"

"실은 제가……."

도로시가 울먹이며 잘못을 고백하려 할 때였어요. 고구마 탐정이 끼어들어 자신이 실수로 발을 거는 바람에 도로시가 넘어졌고, 그 바람에 샴페인을 미수로에게 쏟게 되었다고 말했지요.

"흠, 그게 정말인가요?"

"두 눈을 똑똑히 뜨고 봤습니다."

"저도요!"

나뚱뚱 경감과 오동통 형사가 증인이라며 나섰어요. 그러자 서늘해 집사는 도로시를 힐끗 노려보더니 앞으로 조심하라고 말하고는 사라졌지요.

"흑흑, 고마워요."

도로시가 어깨를 들썩이며 훌쩍훌쩍 눈물을 흘렸어요. 나뚱뚱 경감과 오동통 형사가 나서서 도로시를 위로해 주었지요.

도로시는 바닥에 흘린 샴페인을 닦을 것을 가져오겠다며 청소 도구함이 있는 다용도실로 향했어요.

"신사, 숙녀 여러분! 드디어 다크 다이아몬드를 공개합니다. 모두 여기를 주목해 주세요!"

파티 분위기가 무르익자 태평양 백작은 파티장 한가운데 있는 단상 위에 다크 다이아몬드를 올려놓았어요.

"와!"

"어맛, 정말 아름다워!"

다크 다이아몬드에서 뿜어져 나오는 영롱한 빛이 파티장을 가득 감싸는 듯했지요.

"이것이 바로 검은 아름다움입니다!"

자랑스럽게 다이아몬드를 선보이는 태평양 백작이 주위를 둘러보며 소리쳤어요.

바로 그 순간! 파티장의 불

이 확 꺼져 버렸어요! 눈 깜짝할 사이, 온 사방이 새까만 어둠에 휩싸였지요.

"갑자기 이게 무슨 일이지?"

"정전인 것 같은데?"

어두운 파티장 안에서 사람들이 우왕좌왕할 때, 어디선가 '탕!' 하는 총소리가 울려 퍼졌어요.

뒤이어 태평양 백작의 비명이 이어졌지요.

"끄아악!"

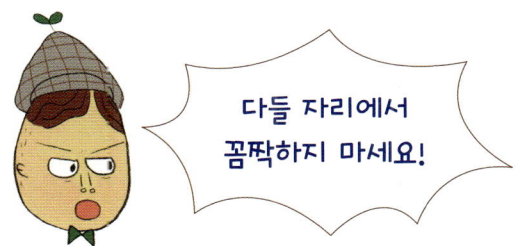

다들 자리에서 꼼짝하지 마세요!

비명을 들은 고구마 탐정은 얼른 주머니에 있던 손전등을 꺼냈어요.

손전등 불빛을 비춰 보니 바닥에 태평양 백작이 쓰러져 있었지요.

"태평양 백작님, 총에 맞으셨나요?"

고구마 탐정이 태평양 백작에게 다가가려 할 때였어요. 태평양 백작이 몸을 일으키며 소리쳤어요.

"멈춰! 내 다크 다이아몬드가 산산조각이 났단 말이야! 한 조각도 놓쳐선 안 돼! 모두 자리에서 꼼짝 마!"

태평양 백작은 다행히 총에 맞지는 않았어요. 태평양

백작은 서늘해 집사에게 당장 강력한 진공청소기를 가져오라고 시켰어요.

한 조각도 잃어버려선 안 돼! 내 다이아몬드~!

걱정하지 마십시오. 이 청소기는 아주 우수한 성능을 지녔습니다!

곧이어 윙 소리와 함께 진공청소기가 산산이 조각난 다크 다이아몬드 조각을 빨아들였지요. 이윽고 바닥에 흩어졌던 다크 다이아몬드 조각은 모두 진공청소기로 들어가게 되었어요.

"아이고, 아까운 내 다이아몬드!"

태평양 백작이 안타까운 듯 진공청소기를 바라봤어요.

그때 나뚱뚱 경감과 오동통 형사가 경찰 수첩을 내밀며 사람들 사이를 비집고 들어갔어요. 그리고 불이 꺼진 사이 무슨 일이 있었는지 얘기해 달라고 했지요.

"오, 경찰이 이렇게 빨리 오다니! 보기와 다르게 정말 빠르군요."

"사실 저희는 파티가 시작될 때부터 이곳에 있었습니다. 여기 이 친구, 고구마 탐정도 함께요."

"그렇소? 난 오늘 파티에 경찰이나 탐정을 초대한 적이 없는데? 이상하군요."

태평양 백작은 영문을 모르겠다는 표정으로 머리를 긁적였어요. 그렇지만 곧 경위를 이야기해 주었어요.

"범인은 나를 총으로 쏘고 다크 다이아몬드를 훔쳐가려고 했던 모양이오. 그런데 총알이 다크 다이아몬드에 맞으면서 다행히 나는 무사할 수 있었지만, 다이아몬드가 그만 산산조각이 나고 말았소."

태평양 백작은 기왕 이렇게 왔으니, 범인을 꼭 잡아 달라고 말했어요.

"평소에 다크 다이아몬드를 노리던 사람이 있었나요? 의심스러운 사람은요?"

고구마 탐정이 날카로운 표정으로 물었지요.

그러자 태평양 백작이 주위를 살피더니 고구마 탐정의 귀에다 세 사람이 의심스럽다고 소곤소곤 말했어요.

"어째서요?"

"서늘해 집사는 우리 집에서 일한 지 20년도 넘은 사람입니다. 그런데 그동안 월급을 한 푼도 올려 주지 못했소. 절대 일부러 그런 건 아니오. 다크 다이아몬드를 구하느라 큰돈이 들어간 탓에 돈이 부족했던 거지요."

태평양 백작은 서늘해 집사가 월급을 올려 주지 않으면 더는 집안일을 해 줄 수 없다며 따지듯 말했다고 소곤

거렸어요.

"도로시 양을 의심하는 까닭은요?"

"도로시는 우리 집에 들어온 지 얼마 안 되는 사람이오. 그런데 자꾸 실수를 저지르지 뭡니까. 도로시를 일꾼으로 뽑은 건 서늘해 집사였지요. 난 서늘해 집사에게 도로시가 실수할 때마다 월급을 깎으라고 했소. 그 말을 전해 들은 도로시는 아마 나를 원망하고 있을 게요."

와, 백작님은 정말 지독한 짠돌이로군요?

"그건 그렇고, 미수로를 의심하는 이유는 충분히 알겠지요? 사실 이번에 내가 다크 다이아몬드를 살 수 있었던 건 미수로가 경매 금액을 쓸 때 실수로 '0'을 하나 빼먹은 덕분이었소. 자신의 실수로 다이아몬드를 빼앗긴 미수로는 불같이 화를 냈었지요."

태평양 백작의 이야기를 들은 고구마 탐정과 나뚱뚱

경감, 오동통 형사는 모두 다이아몬드를 훔칠 만한 동기가 있는 사람들이라고 판단했지요.

"좋습니다. 지금부터 우리 경찰이 용의자인 서늘해 집사와 도로시 양, 미수로 씨 세 사람을 집중해서 감시하겠습니다."

나뚱뚱 경감이 말하자 태평양 백작은 다크 다이아몬드를 산산조각 낸 범인을 꼭 잡아 달라고 간절히 부탁하고 또 부탁했어요.

그때 알파독이 무언가를 향해 왈왈 짖었어요.

고구마 탐정은 알파독이 대체 무얼 보고 짖는 것인지 살펴보려고 다가가다 무언가 이상한 것을 밟았어요. 고구마 탐정은 발을 치우고 허리를 숙여 바닥에 떨어진 물건을 주웠어요. 작은 쇠구슬이었지요.

"흠, 이게 왜 파티장에 떨어져 있는 거지?"

고구마 탐정은 서늘해 집사와 도로시에게 혹시 파티를 준비할 때 쇠구슬을 사용한 적이 있는지 물어보았어요. 둘은 동시에 그런 적이 없다며 고개를 가로저었지요.

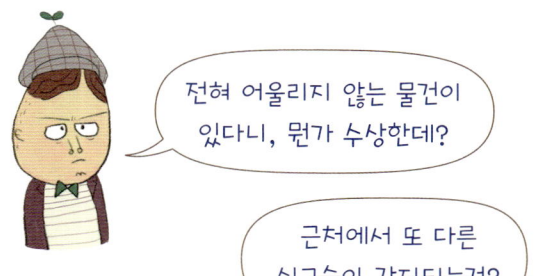

고구마 탐정은 파티에 참석한 손님들의 소지품을 살펴보게 해 달라고 요구했어요.

그 말을 들은 손님들이 웅성거렸어요.

"고구마 탐정, 꼭 그렇게까지 해야겠소? 이 파티에 참석한 사람들은 모두 나를 믿고 온 사람들이오. 소지품을 뒤지는 건 실례가 될 수도 있소."

태평양 백작이 고구마 탐정을 말리려 했지요.

"이상하군요, 누구보다 범인을 잡고 싶어 하시는 분은 백작님이잖아요. 그런데 왜 말리시는 거죠?"

"그, 그건 그렇지만……."

태평양 백작은 하는 수 없다는 듯 고개를 끄덕였어요.

이렇게 해서 고구마 탐정은 파티에 온 사람들의 소지

품을 일일이 살펴보게 되었답니다. 그런데 파티에 참석한 손님들에게선 별로 의심스러운 것이 나오지 않았어요.

고구마 탐정은 태평양 백작의 바지에 달려 있는 작은 주머니도 살펴보았어요. 그 안에는 네오디뮴 자석*과 쇠구슬들이 있었지요.

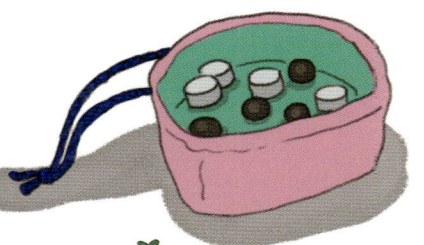

 대체 자석과 쇠구슬은 왜 가지고 다니시는 거죠?

내 행운의 부적이오.

태평양 백작은 자석과 쇠구슬이 어릴 때부터 갖고 놀던 장난감이라고 말했어요.

"전 중요한 일이 있을 땐 이걸 꼭 갖고 있어야 합니다. 저에겐 행운을 끌어당겨 주거든요. 설마 이걸 갖고 있다는 게 문제가 됩니까?"

 **네오디뮴 자석** 일반 자석보다 훨씬 강력한 자력을 가진 자석.

사람들은 대체 누가 범인일까 웅성거렸어요. 세상이 곧 멸망할 것 같이 슬픈 얼굴을 한 태평양 백작이 서늘해 집사에게 진공청소기 속의 보석 조각들을 내다 버리라고 했어요.

"네? 조각들을 정말 버리라는 말입니까?"

"그래, 이미 깨져 조각이 나 버린 보석을 갖고 있어 봤자 무얼 하겠나? 생각할수록 슬퍼서 견딜 수가 없네."

태평양 백작은 마음이 바뀌기 전에 어서 보석을 치워 버리는 게 좋겠다고 했어요.

그 모습을 본 고구마 탐정의 얼굴이 군고구마처럼 화끈 달아올랐지요. 고구마 탐정의 머리가 뜨거워지기 시작한 거예요.

"킁킁, 이게 무슨 냄새지?"

도로시가 코를 벌름거리며 냄새를 맡았어요. 미수로도 그 어떤 향수보다 달콤하고 아름다운 냄새가 나는 것 같다고 중얼거렸지요.

"이 냄새는 고구마 탐정이 추리를 시작했다는 뜻이랍

니다. 조금 있으면 고구마 탐정이 기가 막힌 이야기를 내놓을 거예요."

오동통 형사가 쿵쿵거리는 도로시에게 상냥하게 설명해 주었어요.

"어머, 정말요?"

바로 그때 추리를 끝낸 고구마 탐정이 입을 열었죠.

"제 말을 못 믿겠다면 지금 당장 진공청소기 속에 들어 있는 다크 다이아몬드 조각을 살펴보십시오."

고구마 탐정의 말에 서늘해 집사가 냉큼 진공청소기를 열었어요. 그러자 반짝이는 보석 조각들이 수북이 쌓여 있는 게 보였지요.

"이것을 보고도 감히 나를 의심하다니, 내가 전 재산을 바쳐 사들인 다크 다이아몬드가 이 꼴이 되었는데!"

그때 다크 다이아몬드 조각들을 살펴보던 미수로가 눈을 휘둥그레 떴어요.

"잠깐, 이 조각들은 어딘가 이상해요."

미수로는 조각들 가운데 가장 큰 것을 골라 집어 들었지요. 그리고 유심히 살펴보더니 피식, 차가운 미소를 지었어요.

"이건 가짜예요. 진짜 다크 다이아몬드는 겉의 색깔이 까만색일 뿐 속까지 완전 까맣지는 않다고요. 그러면 빛을 낼 수 없을 테니까요."

태평양 백작은 말도 안 되는 주장이라고 소리쳤어요.

"아뇨, 전 다크 다이아몬드를 수집하기 위해 평생을 바쳐 왔어요. 그런 제가 진짜와 가짜도 구분하지 못할 것 같으세요?"

미수로의 말에 태평양 백작이 입을 꾹 다물었지요.

자신이 전 재산을 바쳐 구한 다크 다이아몬드가 가짜라는 걸 알게 된 태평양 백작은 사람들에게 이 사실을 차마 말할 수 없었어요. 그랬다간 자신이 빈털터리가 되었다는 게 알려지게 될 테니까요.

"그래요, 난 사실을 감추려고 자작극을 벌였소. 다크 다이아몬드에 보험을 가입해 놓으면 문제가 생겼을 때 보험금을 받을 수 있기 때문이오."

　태평양 백작은 눈물을 뚝뚝 흘리며 모든 사실을 인정했어요.

"고구마 탐정, 백작이 어떻게 다크 다이아몬드를 박살 낼 수 있었던 거지?"

　나뚱뚱 경감이 묻자, 고구마 탐정이 싱긋 미소를 지으며 말했어요.

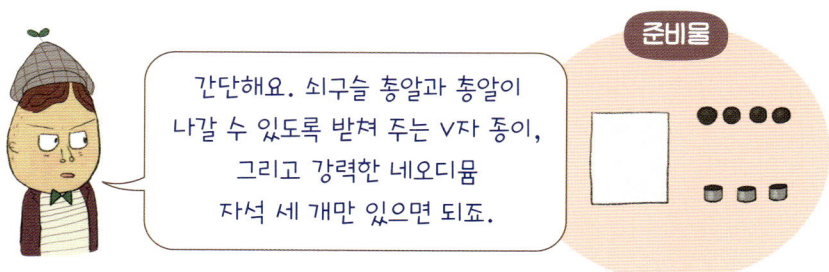

간단해요. 쇠구슬 총알과 총알이 나갈 수 있도록 받쳐 주는 V자 통이, 그리고 강력한 네오디뮴 자석 세 개만 있으면 되죠.

준비물

"이렇게 하면 가짜 다이아몬드쯤은 단번에 박살을 낼 수 있을 정도로 강력한 자석 총이 만들어지지요. 당신은 누군가 총을 쏜 것처럼 위장한 것입니다!"

고구마 탐정은 태평양 백작이 정전시키고 나서 가짜 다이아몬드를 박살 냈다고 결론을 내렸어요.

"만약 여기 계신 손님이 실수로 맞았다면 큰일이 났을 겁니다. 태평양 백작이 한 행동은 너무 위험했어요."

모든 속임수를 알아낸 고구마 탐정을 향해 도로시가 엄지를 척 내밀었어요.

"역시, 고구마 탐정님은 대단해요. 세상에서 제일 멋진 분이에요!"

고구마 탐정은 쑥스럽게 머리를 긁적였어요.

"에잇, 오늘 이 파티에 고구마 탐정만 오지 않았으면 내 계획은 완벽했을 텐데!"

"태평양 백작, 당신을 보험 사기범으로 체포하겠습니다. 당신은 묵찌빠를 할 수 있으며……."

오동통 형사가 수갑을 채우며 말했어요.

"묵찌빠가 아니라 묵비권이요."

"아참, 그렇지!"

태평양 백작은 나뚱뚱 경감과 오동통 형사에게 끌려가며 이를 으득으득 갈았답니다.

도전! 고구마 탐정의 과학 추리 퀴즈
어진창 씨의 가짜 마술 공연 사건

고구마 탐정의 앞집에 사는 어진창 씨가 어디론가 헐레벌떡 가고 있었어요. 고구마 탐정은 반갑게 인사했지요. 하지만 어진창 씨는 인사도 받는 둥 마는 둥 서둘러 가야 한댔어요. 무슨 일인지 물으니, 초능력자의 공연을 보러 빨리 가야 한다는 거예요. 고구마 탐정은 어떤 공연인지 궁금했어요.

    고구마 탐정은 상자 속에 자석이 있다는 걸 어떻게 알아낸 걸까요? 비밀을 밝힐 열쇠는 바로 '스카치테이프'예요.

※ 다음 숨은 그림에서 힌트를 찾으세요!

숨은그림찾기 — 스카치테이프, 연필, 커터 칼, 못, 안경, 종이배

사건 해결!

자석은 같은 극끼리 가깝게 하면 서로 밀어내고, 다른 극끼리 가깝게 하면 서로 끌어당겨요. 강력한 자석을 이용하면 무거운 물건도 얼마든지 움직일 수 있답니다. 박스 안에 강한 자석을 스카치테이프로 딱 붙여 놓고 다른 자석을 이용하면 박스 정도는 공중에 띄울 수 있지요.

탐정이 되기 위해 꼭 알아야 할 과학 원리
자석의 비밀

자석은 철로 된 물체는 뭐든 끌어당길 수 있는 거야?

그럼! 가위, 바늘, 클립, 옷핀, 나사못, 스테이플러 심 등 철로 된 것은 뭐든 자석에 찰싹 달라붙어.

철처럼 자석의 영향을 받는 물건을 자석으로 문지르면 그 물건도 자석처럼 변하게 된다고?

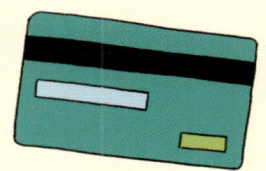

자석에 붙은 클립에 다른 클립을 갖다 대면 찰싹 붙어. 이런 현상을 '자화'라고 해. 신용 카드 뒷면에 검은 부분도 같은 원리를 이용한 것이지.

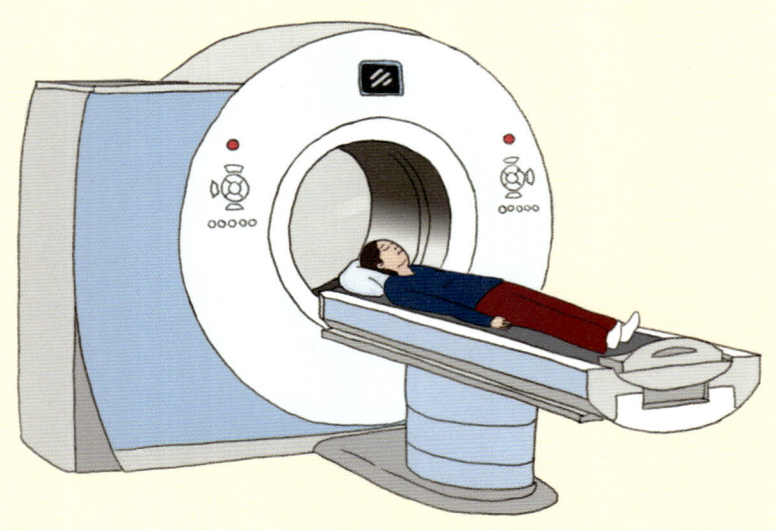

　전류가 흐르면 자석이 되고, 흐르지 않으면 자석이 되지 않는 것이 '전자석'이에요. 전자석은 우리 주변의 생활 제품부터 첨단 제품까지 다양한 곳에 사용되지요. 병원에서 사용하는 자기 공명 영상 장치(MRI)가 대표적이랍니다.

　또한, 전자석은 모터 안에 들어 있어요. 모터는 전자석의 힘으로 회전하면서 기계를 움직이게 하지요. 그래서 모터가 들어 있는 전자 제품에는 전자석이 들어 있어요.

　예를 들어, 세탁기나 진공청소기처럼 회전하는 부품이 있는 가전제품은 모두 모터로 움직이는 제품이랍니다. 이렇게 전자석은 우리 생활 속에서 빠질 수 없는 아주 중요한 역할을 하고 있어요.

숨은그림찾기 정답

● 50쪽

● 100쪽

● 144쪽

다음 권에서 만나요!

고구마 탐정 과학 ❹ - 액체 괴물이 사는 집

초판 1쇄 발행 2025년 8월 15일

글 서지원　**그림** 이승연
발행처 주식회사 스푼북　**발행인** 박상희　**총괄** 김남원
편집 길유진 박선정 이민주 이지은
디자인 정진희 권수아　**마케팅** 박병건 박미소
출판신고 2016년 11월 15일 제2017-000267호
주소 (03993) 서울시 마포구 월드컵북로6길 88-7 ky21빌딩 2층
전화 02-6357-0050(편집) 02-6357-0051(마케팅)
팩스 02-6357-0052　**전자우편** book@spoonbook.co.kr

ⓒ 서지원, 이승연 2025
ISBN 979-11-6581-599-8 (73810)

• 저작권법에 의하여 한국 내에서 보호를 받는 저작물이므로 무단 전재와 무단 복제를 금합니다.
• 잘못 만들어진 책은 구입하신 곳에서 바꾸어 드립니다.

제품명 고구마 탐정 과학 4	
제조자명 주식회사 스푼북 | **제조국명** 대한민국 | **전화번호** 02-6357-0050	⚠ 주 의
주소 (03993) 서울특별시 마포구 월드컵북로6길 88-7 ky21빌딩 2층	아이들이 모서리에 다치지
제조년월 2025년 8월 15일 | **사용연령** 10세 이상	않게 주의하세요.
※ KC마크는 이 제품이 공통안전기준에 적합하였음을 의미합니다.	